一字違いの語彙《ごい》力

肝に命じる？
肝に銘じる？
弱冠？若冠？

山口謠司
大東文化大学准教授

さくら舎

はじめに

知っているようで、本当はよくわかっていない言葉というものはありませんか？

言葉とは、じつに畏《おそ》るべきものです。

こちらは何気なく書いたものであっても、受け取る相手がもし、言葉にとてもこだわりのある人だったとしたら、相手の逆鱗《げきりん》に触れるかもしれないのですから。

そう思ったら、わかったつもりの言葉は、使うのが怖くなってしまいます。

たとえば、「是非《ぜひ》」という言葉は、人にお願いするときにはできるだけ使わないようにと教わったことがありませんか。

――是非、お目にかかりたく存じます。

――是非、お願い申し上げます。

「是非」を「どうぞ」を強調した言葉だと思っている人は少なくないようです。しかし、じつは「是非」は「是が非でも」という言葉を略したものなのです。

「是」は「肯定して良しとすること」、「非」は「絶対に嫌だということ」を表します。

そうだとすると、「是非」を使った言葉の意味はどうなるでしょう。

「あなたが良しとしても絶対に嫌だとしても、お目にかかりたいと思う」と同じように「あなたが受け入れようが、そうであるまいが、お願いする」となってしまいます。

もし、この「是非」の意味を知ったとしたら、なかなか容易《たやす》く「是非」を使ったお願いができなくなるのではないでしょうか。

私が学生のときに、「是非、お願いします」と先生に書いたら、「こちらのことなどお構いなしにお願いをするのか！」と、大目玉を食らったことがありました。

はたして、一字違いで、とんでもない意味になってしまう言葉というものもたくさんあります。

本書ではとくにそうしたものを取り上げましたが、いかがでしょう。ひと目で見て、どの言葉のどの字が間違っているか、言えるでしょうか？

魔《ま》天楼《てんろう》　良妻兼母
独断先行　興味深々
肝《きも》に命じる　万事窮《ばんじきゅう》す
配遇者《はいぐうしゃ》　首実験《くびじっけん》
とんぼ帰り　不可決

さて、以上一〇問のうち、どれがどこを間違っているか言い当てることができましたか？

小学校のとき、間違った漢字を、何度もくり返しノートに書かされたという嫌な思い出を持っている人も少なくないでしょう。毎朝のようにやらされた漢字テストで漢字が嫌いになったという人も、私のまわりにはたくさんいます。

もちろん、意味もわからずなく丸覚えさせられる漢字は、おもしろいことなどないに決まっています。それは、漢字といわず、言葉であっても同じですし、数学や経済学、あらゆる学問に通じることです。

でも、明快な意味がわかれば脳が刺激され、間違いなく楽しく覚えられるものなのです。

漢字でいえば、まず漢字の成り立ち、すなわち「字源《じげん》」を知ることでしょう。

たとえば、「畏」という漢字は、人智を超える存在である、大きな頭を持ったダイダラボッチ(巨人)が手に武器を持っているところを描いた象形《しょうけい》文字が字源です。

字源とは、その漢字の源《みなもと》、つまり漢字の形がどうやってつくられたかということです。

この場合は「田」の部分が大きな頭を意味します。そしてその下の部分に右手に武器を持った下半身の部分が描かれているのです。

人より優れていて、しかも武器を持っている存在、それは人にとってみれば気味が悪いほどの威圧感を覚えるでしょう。「畏」とはそういう意味の「おそれ」を表すものなのです。

ところで、手紙の最後に、女性は「かしこ」と書くと教わりますが、じつはこの「かしこ」は、室町時代までは男性も「畏」の一字を書いて、相手に「かしこ」まっているという敬意を表すものでした。

そして、さらにいえば、これは、『論語』の「孔子《こうし》曰《のたまわ》く、君子に三畏《さんい》有り。天命を畏《おそ》れ、大人《たいじん》を畏れ、聖人の言を畏る」（季氏《きし》第一六‐八）という言葉に遡《さかのぼ》るものなのです。「孔子はこう言った。君子というものは、つねに、天命と、自分より優れた人、そして古代の聖人たちが残した言葉に畏敬《いけい》の念を抱いていた」という意味です。

手紙を差し上げる相手に畏敬の念を持っていなければ、ついつい「是非、お目にかかりたい」と書いて、うっかり叱《しか》られることにもなりかねないのです。

こうしたことを知れば、「畏」と書くことの意味の深さが感じられるのではないかと思います。同時に「かしこまる」という「畏怖」を表す和語が「かしこ」と略されて女性の言葉になったという歴史もわかるのです。

「字義」という言葉についても説明しておきましょう。「畏」の字の義（意味）には「おそれる」と「かしこまる」があります。「おそれる」から「かしこまる」が派生したとすれば、やはり、「おそれる」という意味がこの漢字の本来の字義だったといえるでしょう。

また、「語義」という言葉も、本文では使われています。これは、一字の漢字の意味をいうのではなく、熟語だったり、日本語の言葉の意味をいう場合に使います。字義は「漢字一字」の意味、語義は「言葉」あるいは「単語」の意味を指すのです。

「畏まる」「畏れ」の意味が字義、そして「畏怖《いふ》」「畏敬《いけい》」の意味が語義に当たります。

言葉を分解して解説するようなときには、こんなちょっとした専門用語も必要になりますが、読み進めていくうち、しだいに慣れてくるのではないかと思います。

というのは、言葉というのは空気のようなもので、初めは違和感があっても触れる回数が増えるごとに慣れるものだからです。

だからこそ、間違った言葉に触れてしまうと、それを当たり前に感じるようになってしまってやっかいなのですが！

一字の違いが、大きな意味の違いを引き起こし、それがもしかしたら世の中を変えるようなことにまでなってしまう……と思うと、「一字」が万事！

言葉の「是非」を、是非、本書でひもといてみたいと思うのです。

山口謠司《やまぐちようじ》

目次◆一字違いの語彙力——肝に命じる？肝に銘じる？「弱冠？若冠？」

第2章　ちょっと恥ずかしい「勘違い語」

第3章　意味がわかれば安心な「とまどい語」

第4章　丸呑みで覚えるに限る「ややこし語」

第5章　似ているだけにひっかかる「トラップ語」

肝に命じる？
肝に銘じる？
弱冠？若冠？

一字違いの語彙力

第1章

ついついやってしまう「間違い語」

除《じょ》行《こう》運転

→ 徐行運転

【ゆっくり進むこと】

≫この道は走らないでください⁉

道路標識で「徐行」と書かれていれば、「この道では、安全のため速度を落としてゆっくり進んでください」ということです。「除」の字では「取りのぞく」という意味ですから、さしずめ「この道は走らないでください」ということになってしまいます。

「除」に比べて「徐」の字は、使われる機会が少ないので、マニキュアの「除光液」と音で混同が生じているのかもしれません。

「徐」は、「おもむろに」「ゆっくりと」「ゆるやかに」という意味の漢字です。たとえば、「徐々に」という言い方をしたりします。

漢字の部首で「徐」の左側についている「ぎょうにんべん（彳）」は、もともと「行」という意味を表します。「径路《けいろ》」の「径」という字は、この一文字で小道を意味します。ほかにも行き帰りの「往復」、ぐるぐる回る「徘徊《はいかい》」、さまようという意味の「彷徨《ほうこう》」などの字があります。

大《おお》判《ばん》振る舞い

……→ 大盤振る舞い

【気前よく人に食事や金品を提供すること】

≫大判小判を振る舞うのではない

義賊のねずみ小僧のように、人に気前よく大判小判を振る舞うので「大判振る舞い」なのかと思われそうですが、「大盤振る舞い」が正解です。

この言葉は、江戸時代の中期から使用例が見られますが、もともと「椀飯振る舞い」と書かれていました。読みは「おおばん」ではなく「おうばん」ですね。

椀飯とは文字どおり、お椀《わん》に盛られたご飯のことで、気前よくご飯をいっぱい振る舞うという意味だったのです。とりわけ、年に一度の正月などに、一家の主人が親族を招いて開く盛大な宴《うたげ》のことを指したともいいます。

しかし、明治時代の末頃から、しだいに「大盤」と書くことが定着しました。

盤とは食物を盛るテーブル、あるいは平たい円形の器《うつわ》のことですね。「椀飯振る舞い」では単にご飯の量を多く振る舞うという印象ですが、「大盤」では満漢全席《まんかんぜんせき》のように大きなテーブルに料理を並べ、種類も豊富で豪華というイメージがあります。

汚《お》名《めい》挽《ばん》回《かい》

→ 名誉《めいよ》挽回／汚名返上

【名誉を取りもどす／悪い評判を消し去る】

≫悪い評判をわざわざ取りもどす!?

「汚名」は悪い評判、「名誉」はよい評判を意味します……とすれば、「汚名挽回」は逆の意味になりますね。「挽回」とは何かを「回復する」「取りもどす」意味です。

ですから、「名誉挽回」ならばよい評判を取りもどすことになりますが、「汚名挽回」だとよい評判を取りもどせずに、再び悪い評判にまみれることになってしまいます。

「挽回」に似た言葉の「撤回」ならば、「取り下げること」です。

「前言を撤回する」という言い方があるので、それと混同されて「汚名挽回」「名誉撤回」などと混同してしまいがちです。「挽回＝回復」と覚えておけば間違うことはないでしょう。

じつは「名誉挽回」という四字熟語は東洋の古典には見られません。明治時代以降に日本で広まった比較的新しい表現です。

≫お返ししたいものには「返上」

「挽回」の「挽」という漢字には、「力を込めて何かを引く」「引っ張る」という意味があります。

「挽回」とは、引っ張って取りもどすということなのです。

動詞で「挽《ひ》く」という場合は、「引く」とは少し異なり、切ったり削《けず》ったり、すりつぶすように細かくすることを意味します。

ハンバーグに使うひき肉は、「挽き肉」ですね。石臼《いしうす》で穀物をすりつぶしたり、コーヒー豆を粉にする場合も「挽く」といいます。

また、「挽」には「棺《ひつぎ》を載せた車をひくこと」「死者をとむらう」という意味もあります。葬送《そうそう》のときに歌われる哀悼《あいとう》の歌を「挽歌《ばんか》」といいます。

一方、「返上」は「ものを返すこと」あるいは「受け取らないこと」を、へりくだっていう言葉です。たとえば、「休日返上で働く」「位《くらい》を返上する」といったりします。したがって、汚名を取り払うのならば「汚名返上」が正しい言い方なのです。

「汚名挽回」とは逆に「名誉返上」と間違える……、そんなケースはほとんど見られませんが、もしこういってしまったら、せっかくの名誉を手放すという意味になりますね。

ご破産《はさん》

……→ご破算

【数字や状態をリセットすること】

財産をすっかり失うことではない

「破産」ならば財産をすべて失うことですが、「ご破算」は微妙に意味が異なります。後者のほうは、そろばんで計算するとき、珠《たま》を払ってゼロの状態に戻すことです。昔の商人は、そろばんで新しい計算に移るとき「ご破算で願いましては～」といっていました。単に数字をリセットすることで、破産のようなネガティブな意味はありません。

頭に「ご」とつけずに「破算」と書いても意味は同じですが、「破産」と間違えやすいため「ご破算」と書かれます。

もとの意味から転じて、それまで進めてきたことを元に戻す、一からやり直す場合にもこの語句は使われます。

「商談がご破算になった」といった言い方をします。ＩＴ用語で設定を初期状態に戻すという意味の「デフォルト」のようなニュアンスでしょう。ややこしいことに、金融用語だと「デフォルト」は「債務《さいむ》不《ふ》履《り》行《こう》」という意味なので「破産」と似ていますね。

魔《ま》天《てん》楼《ろう》

……＞摩天楼

【超高層ビルなど高い建物のこと】

≫魔物が棲む高い塔っぽい⁉

摩天楼とは、頂上が天をこするほどに高い建物のことです。「摩」の字には、「摩《ま》擦《さつ》」という熟語のように、こする、さする、触れる、といった意味があります。

この語句はそんなに古い言葉ではありません。

一九世紀末頃からアメリカで高層建築が増えると、それらは「skyscraper（スカイスクレーパー）」と呼ばれるようになりました。「scraper」とは、こする、引っ掻《か》くといった意味の動詞である「scrape」に由来し、表面についた汚れなどを引っ掻いてこそげ取ったりする、へら状の道具です。その訳語で、天をこするような楼閣（建物）だから摩天楼、というのです。

声に出して区別したい「魔天」「夜摩天」「伏魔殿」

字面《じづら》でつい混同しそうですが、仏教用語には「魔天《まてん》」という語句があります。

仏教の世界観では、欲界《よくかい》、色界《しきかい》、無色界《むしきかい》という三つの世界（三界《さんがい》）があり、人間や畜生《ちくしょう》（動物）などは欲界の下層に属していると考えられています。

欲界の上層部には他化自在天《たけじざいてん》（第六天）という階層があり、ここを支配する者を魔天、あるいは天魔《てんま》といいました。織田信長《おだのぶなが》は、自分をそれになぞらえて「第六天魔王」を自称しています。

同じく欲界のうち他化自在天の三つ下の階層は「夜摩天《やまてん》」といい、ここを支配する者である夜摩は焔摩《えんま》とも呼ばれ、死者の王である閻魔《えんま》大王と同一視されます。ややこしいですが、夜摩は「摩」の字、閻魔大王には「魔」の字が使われています。

「魔天」も「夜摩天」も古くからある仏教用語ですが、一九世紀にできた英語からの訳語である摩天楼という言葉とは、いっさい関係ありません。

また、「伏魔殿《ふくまでん》」という言葉があります、神殿や宮殿など「殿」という字も建物を指しますね。伏魔殿とは魔物《まもの》が潜《ひそ》んでいる建物という意味で、そこから転じて悪人の巣くっている場所をいいますが、天高くそびえるような大きな建物のことではありません。

責任を転化《てんか》する

……→責任を転嫁《てんか》する

【責任を人に押しつける】

≫責任をよそに出すから「転嫁」

「転化」とは、あるものや状態が別のものに変わることをいいます。ですから、「責任転化」だと、責任がほかのものに変化するという、意味不明の言葉になってしまいます。

　これに対して「転嫁」とは、人に何かを押しつけることをいいます。

「嫁」という字は名詞としては奥さんのことですが、動詞として「嫁《とつ》ぐ」あるいは「嫁《か》する」という場合は、結婚する、他家に嫁に行く、といった意味があります。

「嫁」とは、本来あった場所を離れて、別のところに行くことを表す言葉なのです。

　現代では目にする機会のない語句ですが、唐《とう》の歴史を書いた『旧唐書《くとうじょ》』には、自分の失敗を人に押しつけるという意味で「嫁非《かひ》」という語句も出てきます。「責任転嫁」とほぼ同義の言葉です。

…今何時だと思ってる？…
ボクだけが悪いんでしょうか？
…あ？…
時間にしばられた現代社会にこそ問題があると思いませんか
…キミ解雇ね
あ
バイト代は説教してる時間含めた時給計算でお願いしますね
おいコラ

》「嫁姑」というが「妻姑」といわないのはなぜ？

正確にいえば、「嫁」という語句と「妻」という語句は別のものでした。「妻」は家長《かちょう》の配偶者《はいぐうしゃ》を指し、いわば、すでにその家の人間になっている女性です。一方、「嫁」は跡継ぎ（家長の息子）の配偶者として、新たに他家から入ってきた女性を意味しました。

家長の配偶者（妻）は、嫁から見れば「姑《しゅうとめ》」（義理の母）です。「嫁と姑」という言い方をよく聞きますが、「妻と姑」という言い方を聞かないのはこのためです。

もともと「嫁」の字は、「稼」という字と近い意味をもっていました。「稼」という字は、穀物の種を植える行為、農作業そのものを指していました。

「のぎへん（禾）」のつく字は、「稲」や「穣」など農業や穀物に関係するものを表します。田畑に種をまくのと同じように、他家に女性を送るというイメージから、「嫁」という字が生まれたのです。

ちなみに、「稼」という漢字は、わが国では「お金をかせぐ」という意味で使われますが、じつはこれは日本語だけの用法で、中国語ではこうした意味では使われません。中国ではあくまで農作業をおこなうことをいう漢字です。

間《かん》一《いっ》発《ぱつ》／危機一発

……→ 間一髪／危機一髪

【髪一本ほどの差で成否が分かれる場面】

≫００７のイメージが強すぎた？

大きな事故に遭《あ》って無事だったときに「間一髪で助かった」といった言い方をします。

この「間一髪」とは、間に髪の毛が一本入るぐらいのわずかなギリギリのところを意味します。ほぼ同じ意味で別の言い方をすれば「紙一重《かみひとえ》」です。紙も髪も同じ「かみ」なので「間一髪＝紙一重」と覚えておけば間違えないのではないでしょうか。

「危機一髪」という場合も、「髪一本ほどの差で生死が分かれそうな危機におちいること」を意味しています。この語句以外で「一髪」という熟語を使う機会はなかなかありません。

「一髪」を「一発」と間違って書くのは、「髪」と「発」が同じ発音だからなのですが、もうひとつ大きな原因があるのではないかと筆者は思っています。

それは、一九六四年公開の映画『００７　危機一発』です。イギリスの人気作品００７シリーズの第二作目で、のちに映画批評家として有名になる水野《みずの》晴郎《はるお》が、危機一髪という語句に銃弾の一発をかけてつくった邦題だったといいます。

言葉遊びとしては最高ですが、あまりにも巧《うま》すぎて最終的には改題しないといけなくなってしまいました。いまは『007　ロシアより愛をこめて』というタイトルで知られています。

激《げき》鱗《りん》……→逆鱗

【目上の人の激しい怒り】

≫「逆」を「げき」と読む珍しい言葉

「逆鱗に触れる」といえば、偉い人の怒りを招くようなポイントを突いてしまうことです。

「逆鱗」は、古代中国、戦国時代に書かれた『韓非子《かんぴし》』に見える言葉です。これは竜のあごの下にある逆向きになった鱗《うろこ》で、この部分にさわると竜は激怒するといわれ、転じて天子《てんし》（皇帝）の怒りを買うことを意味するようになりました。中国では古くから、竜といえば皇帝のシンボルだったからです。

「逆」の字を「げき」と読む事例は少ないため、言葉の意味は知っていても、「激しい怒り」を招くから「激」と思ってしまう人がいてもおかしくはないでしょう。

ほかに、ものごとの先を見通す意味の「逆睹《げきと》」という語句があります。この場合の「逆」は、「さかさま」ではなく「あらかじめ」という意味を表します。

また、旅人を迎える場所である宿屋などを「逆旅《げきりょ》」といいます。これは松尾芭蕉《まつおばしょう》『おくのほそ道』冒頭（月日は百代《はくたい》の過客《かかく》にして、行き交ふ年もまた旅人なり）のもとになった李白《りはく》の詩「春夜宴桃李園序」に「夫《そ》れ天地は万物の逆旅にして、光陰は百代の過客なり」と出てきます。前の句は「この世のすべてのものは、宿屋である」という意味です。

独《どく》断《だん》専《せん》攻《こう》／独断先行

……→ 独断専行

【自分の判断で勝手に行動すること】

≫学問を「攻める」＝「修める」

「専」の字は「専《もっぱ》ら」と読まれ、何かひとつのことに集中することを意味します。

「専攻」という語句は、大学などで「法律学を専攻する」といった場合に使われます。あるひとつの分野の学問を専門的に修《おさ》めることです。

「攻」という漢字は、戦争などで敵を攻めることも意味しますが、じつは学問を修めるという意味もあります。現代ではなかなか使われる機会がありませんが、「攻究《こうきゅう》」という語句があります。学問や技術を深く修めることで、「研究」とほぼ同じ意味の言葉です。

それでは「専行」とはどういう意味の言葉でしょうか？　漢文訓読式に読んでみると「もっぱら行く」「一人で行く」となり、これは勝手に行動するということです。「独断専行」とは熟語を二つ並べたもので、「(誰にも相談せず)一人で決めて、一人で行く」という意味になります。

ちなみに、「専行」と似た趣旨で「専横《せんおう》」という言葉もあります。好き勝手に振る舞うことで、独裁者のように横暴な権力者の態度をいう場合などによく使われます。

日本語も漢字も同音異義語が多すぎ！

ところで「先行」とは「先に行く」という意味です。ですから、もし「独断先行」ならば、「一人で決めて、先に行く」という意味になります。一見これでも文意は通りそうですが、会話で「あれは彼のドクダンセンコウだった」と言えば、みんなで行くべきところで一人で先に行ったということではなく、勝手に何かをやらかしたという意味に受け取られてしまうでしょう。

さらに、「先行」と間違えそうな言葉に「先攻」という言葉があります。こちらはスポーツでよく使われますが、「先に攻撃すること」で、「後攻」と対《つい》になる言葉です。

日本語は、同音異義語《どうおんいぎご》が多すぎる！　だから、ひらがな、カタカナだけでは意図が通じないということになるのですが、漢字も同じように同音異義語が多すぎます。そのため、漢字の書き間違いが起こってしまいます。

間違いを避けるためには、意味を考えながら漢字を使い分けるしか方法はありません。

受《う》け負《お》う

……→請《う》け負《お》う

【仕事を引き受ける、義務を負う】

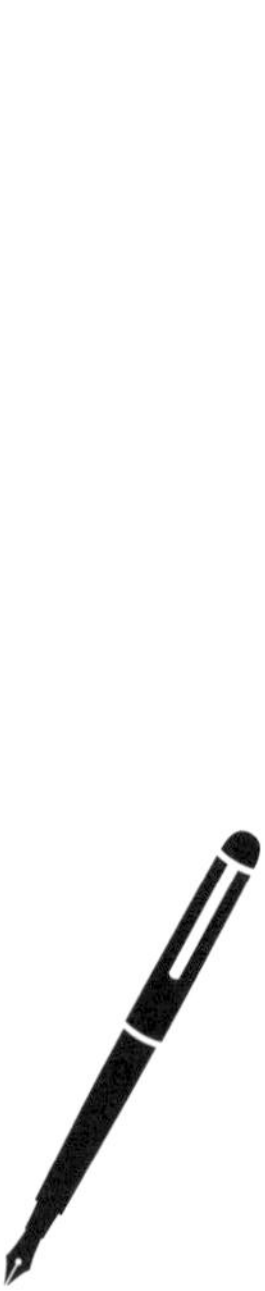

≫請け負う側は立場が下

「請け負う」という語句は、単に対等な個人間で用件を受けつけるわけでなく、契約によって仕事を引き受けたり、お金の返済などの義務を負う場合を指します。つまり、請け負う人と相手のあいだには、上下関係や力関係が存在するといえるでしょう。

「請負《うけおい》契約」といえば、一方がある仕事を完成させることを引き受け、相手方がそれに報酬《ほうしゅう》を支払う契約です。仕事を引き受ける側は、よく「元請け」「下請け」などといわれますね。

「請」という字は、「うける」だけでなく「こう」とも読みます。「請う」は「乞《こ》う」とほぼ近い意味で、「させてもらう」というへりくだったニュアンスがあります。「教えを請う（乞う）」「申請する」「要請する」といった言い方をしたりしますね。

一方、「負う」の「負」の字には「貝」がついています。古代の中国では貝は貨《か》幣《へい》や貴重なものを示していて、もともと「負う」とは価値があるものを担《にな》うという意味でした。

真憑性《しんぴょうせい》 ……→ 信憑性

【話が信用できる度合い】

≫「真実」ではなく「信頼できるか」どうか

噂話《うわさばなし》や伝聞などについて「その話は信憑性が高い」といえば「その話はかなり信用できる」「その話はどうやら事実らしい」といった意味になります。だとすれば、一見して「真憑性」でも意味は通りそうです。

ところが、「信憑性」とは別に「真実性」という言葉もあります。「真」とは「本当のこと」「嘘いつわりがないこと」。これに対して「信」は「本当だと思うこと」「疑わないこと」です。つまり、「真」の字が使われるなら事実そのものが対象となりますが、「信」ならばどちらかといえば人の気持ちのほうに重みがあります。

したがって、「信憑性」よりも「真実性」のほうが、より正確度が高いということになるでしょう。

「憑」の字は、「寄りかかる」「頼みにする」「くっついて離れなくなる」という意味があります。霊《れい》が乗り移ることを「憑依《ひょうい》」といいます。ですから、「信憑性がある」とは、（その話に）信頼できる性質がついている、というほどの意味になります。

「信憑性」は、どれだけ高まっても、「真実」とのあいだには距離があります。「信憑性」だけでは、話を信じてしまわないほうがいいこともたくさんありますよ。

逐時《ちくじ》

……→ 逐次

【順を追って次々とおこなわれること】

≫追うべきは「時」でなく「順番」

「逐」とは、あとを追う、順を追う、という意味で使われる漢字です。たとえば、新聞、雑誌、年鑑など、終期を決めず、順を追って継続して発行される刊行物のことを「逐次刊行物」といいます。次々と号数を重ねて刊行していくという意味の刊行物です。

また、「逐」の字には追い払うという意味もあります。「放逐《ほうちく》」といえば組織などから人を追い出すことで、戦争で敵を追い払うことは「駆逐《くちく》」といったりします。

現代では使われる機会はめっきり減ってしまいましたが、「逐電《ちくでん》」という言葉もあります。電気を充電したりする意味の「蓄電」とうっかり間違えてしまいそうですが、稲妻を逐《お》うという字義（漢字の表す意味）で、「すばやく行動すること」「逃げ去って姿を消すこと」をいいます。

「逐時」だと、次から次へ順を追って何かをおこなうのではなく、時を追っていくことになるので、SF小説のタイムトラベラーのようになってしまいますから、これは間違えないように、ぜひ注意しましょう！

試合に破れる

→ 試合に敗れる

【試合に負けること】

「破れる」と「敗れる」の使い分け

ものが裂《さ》けたり穴が開くことをいう「破れる」と、戦いに負ける意味の「敗れる」は、語源が同じです。したがって、「試合に破れる」と書いても決して誤りではありません。

ただ、自分が相手を負かす場合は「破る」、自分が負けた場合は「敗れる」と書くのが一般的です。「敗」の字を使う「敗北」「敗走」「敗亡」などの言葉を、「敗北した」「敗走する」のように動詞として使うときは、主語となる側が「負けた」ということになります。

反対に、自分が相手を負かすことを「敗る」と書くこともできますが、「破る」という表記に比較すると目にする機会はあまりありません。

勝負事ではなく、「恋に破れる」「良好な関係が破れる」といった場合は、文字どおり関係が破壊される、破綻《はたん》するという意味ですから「破れる」と書くのが適切です。

≫「敗」と「負」になぜ「貝」がついているのか

「破」の字には、「破壊」や「破談」のように、「ものを壊す」「だめにする」といった意味がありますが、「敗」も字源は同じです。

ただ「敗」の字の左側には「貝へん」があります。古代にはきれいな貝殻《かいがら》を貨幣として用いたので、資本の「資」や貯金の「貯」など、お金に関する漢字の部首には「貝」がよく使われます。敗の字の右側の「攵」は手を示したもので、敗とは貴重なものを手で壊してしまう、何かを傷つけるという意味なのです。

ちなみに、「敗」と同じく、戦いに負けることを意味する「負」の字にも貝がついていますね。こちらは、貝（貴重なもの）を人が守っている姿を示したもので、もともとは価値があるものを担うという意味がありました。

たとえば「責任を負う」「借金を負う」などの「負う」というのはこれに由来します。さらに、そのように負ったものに押しつぶされるというイメージから、戦いに「負ける」こともいうようになったのです。

とんぼ帰り

→ とんぼ返り

【宙返り、目的地からすぐ戻ること】

とんぼは「クルリと宙返り」

昔は、とんぼのことを「勝ち虫」と呼びました。ひたすらまっすぐに飛んで、壁に当たっても止まらずにそのままクルリと回って飛びつづけるので、武士のあいだでは「とんぼ＝退却しない」という縁起《えんぎ》をかつぐ虫だったのです。

さて「とんぼ返り」とは、空中で一回転する宙返りのことです。

歌舞伎では昔から「とんぼを切る」という動きがありました。舞台の上で役者が宙返りして着地することです。後方にとんぼ返りすることは「後ろ返り」といいます。いわゆるバク転（バックへ空中一回転）です。

しかし、現代ではよく「今度の大阪出張は、とんぼ帰りだったよ」と言ったりします。どこかに行ってUターンして戻ってくるという意味です。「帰ってくる」という意味で、「返り」ではな

とんぼ帰り出張で博多ラーメン食べるのがやっとでしたよー
…
おつかれさん
でもやっぱ本場のラーメンは最高っスね!!
2回も替え玉しちゃった♡
…そうか
よかったな
で
打ち合わせはどうだった?
時間切れで尻切れとんぼでした☆
テヘッ
虫がいいなおまえ

く「帰り」だと思ってしまう人が多いのでしょう。

とんぼは、必ずしも同じところに戻ってくるわけではありませんから、「帰る」とは使わず「クルリと宙返り」の「返る」と覚えておくといいですね。

道路添い

→ 道路沿い

【道路に平行した場所】

「添加物」か「沿線」かをイメージ

「道路沿い」に限らず「○○沿い」といえば、その対象と平行に並んでいることを意味します。

「川沿い」といえば川と平行に位置していることです。「沿岸」ならば海岸に面した地域、「沿線」ならば鉄道の線路に面した地域のことと、少し考えてみると、「沿」という漢字を使った熟語とその意味が頭に浮かんできます。

「沿」の字と「添」の字は、いずれも訓読みで「そう」と読み、対象物のすぐ側にあることを意味するので、漢字の意味はよく似ています。

ただ、「沿」の字は、一ヵ所で対象物と接しているだけでなく、対象物と並んでいっしょに連なっているという使われ方をします。一方、「添」のほうは「添加物」「添削」「添付」などの語句があるように、対象物にくっつけるという意味で使われます。

古い用法では、「添」の字は「傍」ともほぼ同義に使われました。何かの傍《かたわ》らにある、人に付き従うといった意味です。「添い寝」などという言葉もあります。

このように、同じ発音でどちらの漢字かと迷ったときには、その漢字を使った熟語をちょっと思い浮かべて考えてみるといいと思います。

目《め》頭《がしら》を抑える

……→ 目頭を押さえる

【涙が出るのを止めようとする】

≫物理的に止めるのかどうかで判断

「抑える」と「押さえる」は、区別があいまいな語句です。両方とも、物を固定する、捕まえて動けないようにする、何かを把握《はあく》するといった意味で使われます。

ただ、直接に指を触れて一点を押さえる場合には「押」という漢字を使います。

これに対して「抑」は、「抑圧」や「抑制」など、現象や症状が起きないように全体的に抑えていくときに使われます。

「目頭」は両方の目の鼻に近いところにある一点ですね。だから「目頭を押さえる」と書きます。

もし、意思の力で涙が流れるのを止めたいと思うのであれば、「涙を堪《こら》える」のほうが適切でしょう。

肝《きも》に命じる

……↓ 肝に銘《めい》じる

【決して忘れないようにする】

≫肝に「命令」でなく「刻み込む」

「命じる」という言葉は日常的によく使われますが、これに比較して「銘じる」という言い方は、現代ではなかなか目にする機会がありません。

「銘」とは、たとえば日本刀の柄《つか》の中に収める部分に刀工《とうこう》の名を入れたり、器物に製作者の名や来歴を刻むことで、刻まれた名や文そのものを指す場合もあります。

そこから転じて、「深く心に刻む」「しっかりと記憶する」という意味として使われます。そういえば、つねに心に刻んでいる名文句や戒《いまし》めの言葉を「座右《ざゆう》の銘」といいますね。

ちなみに、刀剣や骨董《こっとう》品で製作者の銘が入っていないものを「無銘《むめい》」といいますが、「無名」とは意味が異なるので注意してください。「無銘」でも物の通称としての名はついている場合があります。

たとえば、徳川家康《とくがわいえやす》の遺品に「ソハヤノツルキ」という名刀がありますが、これは通称で、刀工の名が刀剣自体に刻まれていない「無銘」の刀です。

「肝っ玉かあさん」は頼れるおかみさん

「肝」は、肝臓《かんぞう》のことです。むかしは、体の中で肝臓こそが魂《たましい》の宿る部分と考えられていました。そのため、たとえば「ここがこの話の肝《きも》だ」というように、大事なポイントを指すのに「肝」という言葉を使いました。また「肝心《かんじん》」という語句は、重要な内臓の肝臓と心臓を合わせたものです。さらに、気力や度胸《どきょう》がある、精神力が強いことを「肝《きも》が太い」といったりします。

昭和四〇年代に放映された「肝っ玉かあさん」というテレビ番組がありましたが、これは、女手ひとつで原宿の蕎麦《そば》屋「大正庵」を切り盛りしている頑固《がんこ》で人情味あふれるおかみさん・大正五三子《いさこ》という女性を主人公にしたものでした。

「肝煎《きもい》り」あるいは「肝入り」といえば、心を砕《くだ》いて世話をすることです。

「肝に銘じる」とは、忘れないように自分の肝に深く刻み込むということですが、同じ意味で、「骨に刻む」という言い方をする場合もあります。

お酒を飲み過ぎると肝臓が悪くなるといわれます。飲み過ぎは精神衛生上もよくありません。お酒はほどほどに！　と肝に銘じておきましょう。

決戦投票

……→ 決選投票

【最終的な当選者を決める投票】

≫「決選」は略語だった！

「決選投票」とは、選挙の投票結果で票がばらけたり票差が少なくて当選者が決まらなかった場合、得票数が上位の二人を候補に絞り込んで、再度の投票をおこなうことです。

「決戦」という語句はスポーツでよく目にしますが、「決選」のほうは選挙に関連すること以外ではほとんど使われる機会がありません。

決戦ならば最終的な勝敗を決める戦いなので、たしかに「決戦投票」でも意味は通りますが、決選という語句はじつは「決定選挙」を略した言葉なのです。

日本の法律では、たとえば国会での衆議院と参議院それぞれの議長と役員、内閣総理大臣の指名投票の際、一度目の投票で過半数の票を得た者がいない場合は、得票数が上位の二人で「決選投票」をおこなうことになっています。

議会政治が定着する以前にはみられなかった熟語ですが、帝国議会が開設された一八九〇（明治二三）年の『東京日日新聞』に「決選投票」という言葉が出ています。

選挙かスポーツかで「決選」と「決戦」が決まると覚えておけばいいのではないでしょうか。

散《さん》慢《まん》 → 散漫

【散らばって広がっていること】

》水のように広がるからさんずいの「漫」

「注意力が散漫だ」という言い方があるので、精神的なことをいっているのなら、「心」を意味する「りっしんべん（忄）」のついた「慢」だと思ってしまう人がいるかもしれません。でも、ポイントは「心」ではありません。

「散漫」とは散らばってまとまりがないという意味です。「水」を意味する「さんずい（氵）」のついた「漫」は、水が広がるようにとりとめない状態を表す漢字です。

たとえば「漫然《まんぜん》」という言葉は、「とりとめもなく、ぼんやりとした状態」を表します。「漫画」や「漫談」も、もともとは、まとまりのない、とりとめのない絵やお話という意味でした。

なお、「散漫」と同じ意味で「散満」と書かれる場合もあります。これは、何かがばらばらに散らばって、一面に満ちあふれることをいいます。

一方、「忄」で書かれる「慢」は、「慢心《まんしん》」「傲慢《ごうまん》」のように見くびって侮《あなど》るといった意味があります。「怠慢《たいまん》」というのも、本来は、仕事などをただ怠《おこた》っているというのではなく、「その仕事をバカにして、侮って、怠っている」という意味の言葉なのです。

会費の徴集《ちょうしゅう》

→ 会費の徴収

【お金を取り立てること】

「収」はお金によく使われる言葉

同じ「ちょうしゅう」でも、お金を集める場合なら「徴収」、人を集める場合なら「徴集」です。

「徴」という字は、たとえば「徴候」「象徴」といった語句があるように、何かの兆《きざ》し、印《しるし》という意味がありますが、「徴収」のように金品を取り立てること、あるいは「徴集」のように人を召し出すという意味でも使われます。

「収」の字は、「収入」「収支」「年収」のように、お金に関する言葉として多く使われます。この字はもともと、何かを束《たば》ねる、まとめるという意味がありました。農作物を「収穫」するのは、取り入れた稲などを束にしてまとめる行為です。

また、「収納」という熟語がありますが、「収」も「納」も「おさめる」と読みます。「納」の字も「納税」「納入」「返納」という言葉があるように、役所のような公的な機関や立場が上の人に対して、金品を提出する、献上するという意味があります。

納の字の左側には「糸へん」がついていますが、もともとこの字は、貨幣経済が定着する以前の古代に、税金として布や糸を納入することを指していました。

人なら「収める」でなく「集める」

「徴集」という言葉は、人だけでなく金品を対象に使われる場合があります。ただ、お金は「集める」と「収める/納める」という両方の言い方をすることができますが、「人を集める」という言い方はあっても、「人を収める/納める」とはいいません。そう考えると、人が対象ならば「徴収」ではなく「徴集」が正解ということになるでしょう。

人を集める場合の「徴集」と似た言葉に「召集」があります。「召《め》して集める」という意味なので、目上の人間が命令して、人を集める場合に使われます。軍隊が兵を集めるときに使われますが、国会議員に対して議院に集まって国会の会期を開始させるよう天皇が命じる（国事行為）ときにも「召集」という言葉が使われます。

配《はい》遇《ぐう》者《しゃ》

……→ 配偶者

【夫婦の一方から見た他方】

≫二つでペアのものは偶数の「偶」

配偶者とは、男女の夫婦であれば妻から見て夫、夫から見て妻です。いまの日本の法律にはありませんが、同性婚の場合も一方から見て他方が配偶者ということになります。

二で割り切れる数を「偶数」というように、「偶」の字には二つで対《つい》になるペアのものという意味があります。現代ではめったに目にしませんが、人が二人で向かい合って座ることを「偶《ぐう》坐《ざ》」といいました。

これに対して「遇」の字は、「遭遇《そうぐう》」のように、「思いがけず出会うこと」を意味します。

また、「優遇《ゆうぐう》」「待遇《たいぐう》」「厚遇《こうぐう》」のように「人をもてなす」という意味での使われ方もあります。

もし「配遇者」だったら、たまたま出会った人か、もてなす相手の人という意味になりそうです。

捕穫

⇣ 捕獲

【とらえること、いけどりにすること】

農作物は刈り取る、獣や魚は「獲る」

「収獲」と「収穫」の項目（153ページ）でも触れますが、対象が農作物の場合なら左側が「のぎへん（禾）」の「穫」、獣や魚であれば左側が「けものへん（犭）」の「獲」の字を使うのが正しい書き方です。ハンターが狙う「獲物《えもの》」は、動物だから「獲」の字が使われています。

獣や魚であれば、よく「獲《と》る」という言い方をすることがあります。同じように農作物の場合も「穫《と》る」という言い方をすることができますが、あまり使われません。農作物なら「刈り入れる」や「刈り取る」という表現が一般的なためでしょう。

ところで「捕」とは、どういう意味の漢字でしょうか。あまり使われることはありませんが、「甫」に「しんにょう（辶）」を付けると、「逃」と同じく「にげる」という漢字になります。ここから「捕」は、にげるものを手でつかまえることをいう意味で使われるようになりました。また「甫」は「おおって取る」という意味もあることから「捕」は、手でかぶせて取ることという意味にもなりました。いずれも、生きたまま捕まえることです。

ちなみに、同じく獲物を捕まえる行為でも、獣が対象ならば「猟」で、魚が対象ならば「漁」です。また、「猟師」と「漁師」はどちらも「りょうし」と読むので注意してください。

さばを言う

……→さばを読む

【数をごまかす】

「さば」＝「ウソ」ではない

「さば」といえば、味噌煮《みそに》とか缶詰の「鯖《さば》」以外には思いつきませんね！　あとは、フランス語の挨拶《あいさつ》での「Ça《サ》 va《バ》 ?」

「さばを読む」の「さば」がフランス語でないことは確かですし、「さば」は「鯖」に決まっているのですが、じつは、この言葉の語源はよくわかっていないのです。

国語学者・大槻文彦《おおつきふみひこ》の著《あらわ》した『大言海《だいげんかい》』によれば「魚市場で、小魚を数えることを「イサバヨミ(魚市読)」というところから」と記されています。

一方、『明治東京風俗語事典』には「鯖を数えるのに急いで数をよみ、数をごまかすことが多いところから」、また『上方《かみがた》語源辞典』には「鯖は腐りやすいため、急いで数を数えなければならず、その際に数をごまかしていたから」などと記されています。

ただ、あくまで「さばを読む」の「さば」とは魚の鯖であって、「ウソのこと」を「さば」というわけではありません。したがって「さばを言う」という言い方は決してしませんので、ご注意ください。

》「読む」には「数える」の意味も

また、ここでいう「読む」とは「数える」という意味です。実際に、来客者の人数を予想する場合など「数字を読む」という言い方をすることがあります。

「さばを読む」という言葉は、年齢をごまかすことをさす場合によく使われます。年齢を実際より歳上に偽《いつわ》った場合は「逆さば」といわれることがあります。

「鯖」は、フランス語では「maquereau」と書いて「マクロ」と読みます。なんだか「マグロ」のように聞こえてしまいますが、フランス語には「マグロを読む」という言葉はありません。

質議応答

……→ 質疑応答

【質問とそれに対する答え】

話し合いではなく一問一答のこと

会合や講演などでは、誰かが一通り話をし終わったあと「それでは、質疑応答に移ります」といったりします。これは、ひらたくいえば質問コーナーです。

「質」の字は「性質」「気質」のように、人やものの性格などをさす語句によく使われますが、「質疑」「質問」といった語句があるように「質《ただ》す」という意味もあります。質疑とは、疑問点を問い質すこと、わからないことを聞くことをいいます。

そして、「疑い」には「答え」が対置されるから「質疑応答」となります。

もしこれが「質疑」の字ではなく「質議」の字だと、話し合いや相談ということになってしまいます。たしかに、質疑応答から話の流れで質問者と回答者のあいだで議論のようになる場合もありますが、「質疑応答」とは本来、一問一答の受け答えと考えれば間違いないでしょう。

「応える」と「答える」はどう違う？

さて、「質疑応答」という語句の後半部分である応答の「応」と「答」は、いずれも「こたえる」という意味で使われますが、この二つの字義はどう違うのでしょうか。

「応」の字のほうは、問いや呼びかけにこたえる、反応する、承知する、何かを頼まれてそれに対応した行動をとる、といった趣旨です。とりあえず返事をする、あるいは自分の判断によって行動で示す、というような場合は「応える」というほうが適切でしょう。「要望にこたえる」「アプローチにこたえる」といった場合はこちらです。

これに対し、「答」のほうは、たとえば数学のテストのように、明確な正解が存在することが前提です。答の字は「竹」と「合」を組み合わせて書かれます。竹はいくつかの節に分かれ、おのおのの節同士はぴったりと合わさっています。

そのように、一問に対してぴったり合った一答を返すというような場合は「答える」が適切です。ですから、「質問にこたえる」ならば「答える」のほうがふさわしいでしょう。

日々、漢字がどんなふうにつくられているのかを考えて使い分ける訓練を、くり返してみるといいかもしれません。やっていると楽しいですよ。

古《こ》式《しき》豊かに

……＞古式ゆかしい

【古風で上品な】

「ゆかしい」＝興味や視線が「行く」こと

「ゆかしい」という言葉は、だんだん忘れられつつあるのではないかと思います。ちょっと寂しい気がします。この言葉は、漢字では「床しい」または「懐しい」と書かれますが、これは当て字です。

もともと「行く（ゆく）」という語句から変化したもので、「心が惹《ひ》かれる」「そこに行きたいと思う」というのが語源です。現代でも口語的な表現で、何かを思わず目で追ってしまうことを「目が行く」といったりしますが、それに近いかもしれません。

「ゆかしい」とは、「上品で落ち着いた雰囲気がある」「なつかしい雰囲気がある」、あるいは「興味を惹かれる」という意味で使われます。そして「古式ゆかしい」という言い方は、たとえば昔ながらの風情《ふぜい》が感じられる京都の寺社や、雅《みやび》な宮中儀礼などを指して使われます。

単なる「ゆかしい」よりも、「奥ゆかしい」のほうが耳にする機会は多いかもしれません。語源は同じで、「上品で慎《つつし》みが感じられる」、あるいは「興味深い」という意味です。

「懐しい」「床しい」と、漢字で書いてもかまいませんが、大和《やまと》言葉（外来語でなく、わが国固有の言葉）ですからなるべく〈ひらがな〉で書くようにしたいと思うのです。

重複《じゅうふく》 ……→ 重複《ちょうふく》

【同じものが重なっていること】

≫重さ＝「じゅう」、重なり＝「ちょう」

「復」の字と「複」の字は、いかにも見まちがえやすいですね。

「行」の字と同じく左側に「ぎょうにんべん（彳）」がついた「復」のほうは、「往復」「復活」「復習」「報復」などの熟語に使われるように、「戻る」「くり返す」「やり返す」といった意味があります。

左側が衣を意味する「ころもへん（衤）」の「複」は、もともと衣服を重ね着することを示します。このため「重複」「複数」のように同じものがいくつもあることを表す言葉や、「複製」「複写」のように同じものをつくり出すという意味があるのです。

さて、「重複」という語句は「じゅうふく」と「ちょうふく」という二通りの読み方がありますが、「じゅうふく」と読むのは間違いです。

「体重」や「重量」のように、重さを示す場合は「じゅう」と読み、「かさなる」という意味の場合には「ちょう」と読みます。

とすれば、「重複」は、重いものではありませんので「ちょうふく」と読むのが正しいのです。

鍛冶《かじ》 ……→ 鍛冶《かじ》

【金属を加工すること、またその職人】

≫にすいの「冶」＝金属を溶かす

「鍛冶屋さん」といった言葉は、現代でなかなか使う機会がありません。それに、どうしても書かないといけないとしても、パソコンで入力すると変換されてすぐに漢字が出てきます。「鍛治」の「治」の字をじっと見たこともなければ、この「冶」を「治」だと思い込んでいる人も少なくないのではないでしょうか。

注意してよく見てほしいのですが、左側のへんの部分は、点が三つの「さんずい（氵）」ではなく、点が二つの「にすい（冫）」なのです。

「冶」という字は、金属を溶かす、練《ね》る、といった意味の漢字です。同じくこの字を使う熟語では、金属の精製や加工を意味する「冶金」という言葉があります。読み方は「ちきん」ではなく「やきん」です。

このほか、「冶」の字にはとろけるようになまめかしい、という意味もあります。非常にセクシーで美しいことを「艶冶《えんや》」といったりします。

「冶」の度合いで遊び人にも人格者にもなる

昔は、遊びほうけていることを指して「遊冶《ゆうや》」という言葉がありました。また、やさ男のことを「冶郎《やろう》」といったりもしました。さらに、「遊冶」と「冶郎」をひとつにくっつけて、遊び人のことを「遊冶郎《ゆうやろう》」ともいいました。

でも、「冶」は、よくない意味で使われるばかりではありません。人の能力や性質を練り上げて高める、といった使われ方もあります。

たとえば「陶冶《とうや》」という言葉があります。文字どおりであれば「陶器をつくり上げること」を意味しますが、「人格を陶冶する」といった言い方で「人間のもって生まれた素質や能力を理想的な姿にまで形成すること」を意味する言葉としても使われます。

　遊びほうけるのと立派に人格を育てるのでは意味が反対のようですが、鍛冶とは鉄などの金属をどろどろに溶かしたあと、鍛《きた》えたり練り上げて形にする作業です。

　つまり、その前半だけで止まれば「遊冶」になり、後半まで進めば「陶冶」になるのです。

前後策

……→ 善後策

【事後処理のためのよい方法】

≫「善くする　後の策を」となっている

「前後」という語句はよく使いますが、「善後」とはあまりいいません。

「前後策」だと思ってしまう人が多いのも当然でしょう。しかし、「善後策」とは「後の策を善《よ》くする」という意味です。ならば、なぜ「後策善」とならないのでしょうか？

　これは漢語の文法構造の問題です。

日本語は、基本的に「主語（Subject）→目的語（Object）→動詞（Verb）」のＳＯＶの順に語句が並んでいます。ところが、漢文は英語と同じく、「主語（Ｓ）→動詞（Ｖ）→目的語（Ｏ）」のＳＶＯの語順が基本です。このため「後の策を　善くする」ではなく、「善くする　後の策を」という言い方になるのです。「善後・策」ではなく「善・後策」で区切ると考えれば、間違いありません。

なお、「善後策」ではなく「善後処置」「善後を考える」といった言葉もあります。いずれも、うまく後始末をつけるという意味です。

即《そく》成《せい》栽《さい》培《ばい》

……→ 促成栽培

【温室などで農作物を手早く栽培すること】

≫その場ですぐ育つわけではない

多くの植物は、気温も湿度も高い環境にあると早く成長します。そこで、温室を用いたりして、野菜や草花などを普通より早く育てるのが「促成栽培」です。

エジソンは算数が苦手だった
1+1＝1!!
アインシュタインは暗記勉強が苦手で5歳になっても言葉が話せなかった
一人遊びは得意
人は野菜のように即成じゃ育たない
自分のペースでゆっくり成長すればいいと思うんだ
言いわけ能力だけは即成でのびてるようね……
タナカ スグル
0点
テヘ♡

「促」の字は、「催促《さいそく》」「督促《とくそく》」といった語句のように、「うながす」「せき立てる」という意味があります。何かが差し迫って余裕がない状態を表す「促々《そくそく》」という表現もあります。小さい「っ／ッ」をさす「促音《そくおん》」とは、短く詰まった音のことです。

一方、「即」の字は「即席」「即座」「即答」のように、「すみやかに」「あっという間に」という意味で使われます。ですから「即成」ならその場ですぐできあがることです。

「即席ラーメン」とはいっても「促成ラーメン」とはいいません。温室のようなところでラーメンを育てるなんてありませんからね！

良妻兼母

……→ 良妻賢母

【よき妻であり賢い母】

≫妻と母を兼ねるのではなく賢い母

「良妻兼母」と書けば、一見して「よい妻で、なおかつよい母」！　最高ですね！

でも、こう書くのは、いまのところ間違いです。

正解の「良妻賢母」は、「良妻」と「賢母」という、それぞれ昔からあった二種類の二字熟語を接合してつくられた四字熟語なので「よい奥さんで、賢いお母さん」です。

「良妻賢母」という言葉が生まれたのは、明治期に女子教育が広まって以降です。「女性は家庭にいるもの」という古い価値観を感じさせる言葉ですが、現代でも「××女子大は従来の良妻賢母教育からキャリア志向に方針転換した」といったりすることがあります。

立派な妻という意味では、「良妻」ではなく「賢夫人《けんぷじん》」という表現もあります。「賢母」はもちろん賢い母のことです。

似たような表現で、「賢兄《けんけい》」「賢弟《けんてい》」という語句もときどき使われます。こちらは実際の兄弟ではなく、年長の男性、歳下の男性に対する敬称として、「賢兄（賢弟）はどうされていますか」と言ったりする場合に使われます。

必ずしも「賢く」なくても、こう言うのです。

打《だ》撲《ぼく》症《しょう》

→ 打撲傷《だぼくしょう》

【打撃によってできた傷】

内的な病気は「症」、外的なケガは「傷」

「重症／軽症」と「重傷／軽傷」は、発音がどちらも「じゅうしょう／けいしょう」となります。まったくまぎらわしいですね。

身体の内的な病気なら「症状」の「症」、身体の外的なケガなら「傷害」の「傷」で書かれます。打撲は外からの打ち身ですから「打撲傷」が正解です！

「症」の字が使われるのは「血栓症《けっせんしょう》」「アレルギー症状」「認知症」など身体の内側での病気、あるいは精神の病《やまい》です。

「傷」の字が使われるのは、「擦過傷《さっかしょう》」「凍傷《とうしょう》」など身体の外側での症状、あるいは「刃傷《にんじょう》」のように傷つけるというときに使われます。

「症」は、病そのもの、あるいは病のしるしを意味します。たとえば、せきが出る、腫《は》れる、かゆくなる、などです。

古く、文献をさかのぼると「症」は「証」と書かれているものが少なくありません。「証」は「証明」「証拠」といった語句に使われますが「あかし」と読みます。病のあかし、病のしるしという意味で「症」と同じだったのです。

なお、「重症」とは病気での重い症状、「重傷」ならば重大なケガです。いずれも命に関わるほど重いダメージを負った身体であるとして「重体」、また重大な状態であれば「重態」とも書かれます。

「傷」を意味する「瑕」「疵」「創」

さて、「傷」は「瑕」または「疵」と書かれることもあります。この「瑕」と「疵」をくっつけて「瑕疵《かし》」という熟語があります。これは欠点や過失のことで、法律用語では、正常な品質でない商品や正当な取引でない行為などに使われます。

また、「創造」や「創作」の「創」の字も「きず」と読む場合があります。銃撃による傷を「銃創《じゅうそう》」といったり、全身ぼろぼろになることを「満身創痍《まんしんそうい》」といったりします。

この字の右の部分の「りっとう（刂）」は刃物を示しています。物を創りだすという行為は、たとえば木を伐採《ばっさい》したり、素材に切れ目を入れたり、傷つけることから始まるからなのです。

縦《たて》穴《あな》住居

→竪穴《たてあな》住居

【地面に穴を掘った上に築かれた家屋】

「竪穴住居」とは、半地下構造の家で、縄文《じょうもん》時代や弥生《やよい》時代の人々が暮らしていたものとして、歴史の教科書にも載っています。縄文時代の住居かと思いきや、最近では平安時代の中頃ぐらいまで、地方の庶民《しょみん》には、相変わらず竪穴住居で生活している人もいたというような報告もされています。

「縦」と「竪」の字義はそう違わない

さて、「縦」の字と「竪」の字の意味はほとんど変わりません、「縦穴」と「竪穴」のいずれも、縦方向に掘られた穴のことをいいます。

ただ、「竪」の字は下の部分に「立」がついているように、「立てる」という意味があります。ハープのことを「竪琴《たてごと》」といいます。

もっとも、古い書体では「豎」と書かれ、下の部分は「豆」となっていました。これは、祖先の霊《れい》を祀《まつ》るときに使われる礼器《れいき》として使われたからです。

ところで、建造物にこの字を用いた語句に「竪坑《たてこう》」というものがあります。鉱山や炭鉱などで、地下から縦に伸びたタワーのようなものです。採掘《さいくつ》にあたる人員や機材などを地下の坑道《こうどう》に降ろしたり、引きあげるのに使われます。

長崎の軍艦島《ぐんかんじま》（端島《はしま》の通称。世界文化遺産）などには、こうしたものが遺《のこ》されています。

興味深《しん》々《しん》

↓ 興味津々《しんしん》

【興味が尽きないこと】

≫「深々」では「静まりかえった」になる

「興味深い」という言い方をすることが多いので、「興味しんしん」という場合は「深々」と書くものだと思う人が多いのも無理からぬことでしょう。

「興味深い」という言い方は、井伏鱒二《いぶせますじ》が一九三〇（昭和五）年に書いた短編「休憩時間」などに見られるもので、もっぱら昭和に入ってから広まった表現です。

それまでは、「興味が尽きない」という言い方をすることがふつうだったのです。「深々」と書いて「しんしん」という場合は、ひっそりと静まりかえった状態を指し、「森々」とも書かれます。人のいない森の奥深くって感じで、私はこの言葉をとってもすてきだなぁと思います。

》「しんしん」ではなく「つつ」では意味が変わる

でも「興味深々」は間違いです。「興味森々」でもありません。「興味津々《しんしん》」と書かなければなりません。

それでは「津々」とは何を意味するのでしょうか。

「津々」とは、泉から水がわき出るように、とくに液体があふれ出して尽きないことをいいます。あまり知られていない言葉だとは思いますが、唾液《だえき》や汗や涙など、身体から出てくる液体を「津液《しんえき》」といったりもします。

つまり「興味津々」とは、「興味が尽きない」というより「興味が、湧《わ》き水のように、とめどなくどんどん湧いてくる」ことをいう言葉なのです。

でも、多くの人は、「津」といえば、地名を思い出されるでしょう。「津」はもっぱら、ちょっと突き出た土地、また港や船着場を意味します。

「津々浦々《つつうらうら》」という言葉などの「津」はこれです。ただ、この場合は、「津」は「つ」で、本来、大和言葉で「つ」といっていたものに「津」の漢字を当てたのです。古代から中国大陸や朝鮮半島への玄関口となっていた九州の博多《はかた》は、近世まで博多津《はかたのつ》と呼ばれました。三重県の津や佐賀県の唐津《からつ》など、港町では「〜津」とつく地名がたくさんあります。

「津々」は「しんしん」と読むか、「つつ」と読むかで全然意味が違ってきます。

たとえば、こういうものに「strike」があります。この英単語をカタカナ語で「ストライキ」と読むのと「ストライク」と読むのとではまったく意味が異なります。

「同音異義語」ではなく、こういうのは「同綴《どうてつ》異義語」というのです！

なお、「々」は「踊り字」と呼ばれる表記上の特殊記号です。「同」の別字体である「仝」の字が変化してできたものという説もありますが、よくわかってはいません。昭和の初期までは「ゝ」「ゞ」などの記号も使われました。

第2章

ちょっと恥ずかしい「勘違い語」

一《ひと》段《だん》落《らく》

……> 一段落《いちだんらく》

【文章や仕事などのひとつの区切り】

段落は「いちだん」「にだん」と数える

「段落」とは文章の区切りのことですが、転じて、ものごとの区切りをいうのに使われます。「一段落」と書いて「ひとだんらく」と読まれることがありますが、これは間違い。お皿を一枚、二枚、三枚と数えるように、「段落」は、一段《いちだん》、二段、三段と数えます。

音楽では、楽譜の縦線にはさまれた区切りを「小節」といいますが、これも一小節《いっしょうせつ》、二小節、と数えるのが一般的で、「ひと小節」という言い方はしません。

にもかかわらず、読み方を「いちだんらく」ではなく「ひとだんらく」だと思ってしまうのは「一段落ついた」という表現とよく似た使われ方で、たとえば「ひと仕事終わった」「ひと山こえた」という表現があるからでしょう。

しかし、本来は「仕事」も「山」も、「段落」や「小節」のように数える単位にはなりません。

「一仕事、二仕事」ではなく、仕事は「一件《いっけん》、二件」と数えます。

こうした、ものを数える言葉は助数詞といいます。灯《あか》りを数えるのは「一灯《いっとう》、二灯」、筏《いかだ》は「一枚、二枚」、団扇《うちわ》は「一柄《いちへい》、二柄」など……日本語はこんなところにも難しさがありますね。

とんでもございません

……→とんでもないことです、とんでもないことでございます

【思いがけない、そんなことはない】

丁寧な言い方のつもりなのに……

「とんでもない」を漢字で書いた場合、「飛んでもない」だと思っている人がいるかもしれません。しかし、じつはこの言葉は「途《と》でもない」から変化したものです。

「途上」「途中」「帰途」といった語句があるように、「途」とは、ものごとの道筋のことをいいます。つまり、「途でもない」とは道筋から外れたことを意味する言葉です。そこから、「思いがけない」「ありえない」「とほうもない」といった意味で使われるようになりました。

ところで「ない」の丁寧《ていねい》語は「ありません」です。あるいはもっと丁寧に「ございません」と

もいいます。これは「〜でございます（〜でござる）」の否定形です。

そうした「ない」の丁寧表現を使って、現在では「とんでもない」を、「とんでもありません」あるいは「とんでもございません」ということがあります。

しかし、厳密にいえば、こういう言い方は間違った言い方なのです。

「とんでも・ない」「とんでも・ある」ではない

もし、道理にかなっているといった意味で「とんでも・ある」という言い方が存在するのならば、それを否定形にして「とんでも・ない」、そこから「とんでもありません」あるいは「とんでもございません」ということもできるのですが、「とんでもある」という表現はありません。

つまり、「とんでもない」は最初から「ない」で終わる言い方しかない言葉なのです。ですから、これを丁寧にいう場合なら「とんでもないことです」「とんでもないことでございます」が正しい言い方になります。

こう聞くと奇妙に思えるかもしれませんが、日本語には「とんでもない」と同じように、「〜ない」という否定形だけしか使われない表現は、思った以上にたくさんあります。

たとえば「くだらない」「つまらない」「ろくでもない」などがそうです。これらを丁寧な表現で「くだらございません」「つまらありません」といったりすることはないですね。丁寧にいうなら、「くだらないことです」や「つまらないことです」になります。

なんでもかんでも丁寧にいおうとして、「御（お・ご）」をつければいいというのと似ているかもしれません。「おごちそう」とかいう言葉もやっぱりおかしい使い方ですね。

気真面目《きまじめ》

……＞生真面目《きまじめ》

【まじめすぎること】

≫「気持ちが真面目」でなく「生まれながらの真面目」

「真面目」という語句は、本来はポジティブな意味ですが、「生真面目」といったらまじめすぎて融通《ゆうずう》がきかない、頭が固いという感じを受けてしまいます。もともと「生真面目」とは、「生まれながらにして真面目」「生まれついての真面目」という意味を表す言葉です。

これを「気真面目」と勘違いしてしまう一因は、「生」と書いて「き」と読むことにあまりなじみがないからでしょう。

しかし、たとえば絹の原料となる蚕《かいこ》の糸は「生糸《きいと》」といいます。純粋で混じりけのないことを「生一本《きいっぽん》」といいます、古くから酒造りがさかんな兵庫県の灘《なだ》で造られた混じりけのない上等な清酒を、「灘の生一本」と呼んだりします。さらに「生蕎麦」は「なま・そば」とは読まずに「き・そば」と読みます。

もし「気真面目」ならば、「気質が真面目」という意味にもなりかねません。また気分や気持ちというものはそのときどきで変化するものですから、「その場限りの真面目」ということにもなってしまいます。

「生真面目」な人とは、どんなことがあっても根っから「真面目」な人をいうのです。

現状回復

……> 原状回復

【もとの状態にもどすこと】

≫ いまの状態でいいなら「回復」する必要なし

同じ「げんじょう」でも、「現状」ならばいまの状態、「原状」ならばもとの状態です。「現状」であればいまの状態そのままでよいのですから、回復する必要はありません。回復するというからには、以前の状態のことを指すわけで、「原状」となります。

「原状回復」とは、たとえば不動産の契約を終了して建物や部屋を家主に返すとき、汚れを落としたり備品が傷《いた》んでいれば交換したり、最初に借りたときと同じ状態に戻すことをいいます。「現状」では、汚れたり傷んだ状態のままとなってしまいます。

「現」という字は「うつつ」とも読み、この場合は夢の中と対置される現実の世界のことを指します。もし「現状回復」ならば、さしずめ、夢から覚めて現実に戻るという意味になりそうですが、実際にはそのような四字熟語はありません。

「原」と「源」はもともと同じ字だった

一方、「原」という字は、もともと字義としては「源」と同じです。この字は、かつては「がんだれ（厂）」の中の部分を「泉」と書いていました。崖《がけ》の一部分から水が流れ出ている様子を示したもので、水が湧《わ》き出るもとの部分を指していたわけです。

したがって、「もと」という意味では本来は「源」のほうが字義的に正しいのですが、「原状」や「原案」「原料」などの語句では「もと」の意味で「原」の字が使われます。

古代の中国では、「原」の字と「源」の字の明確な区別はありませんでした。ほかの漢字でも左側のへんの部分を省略して使われることが少なくありません。

中国では紙が普及するまで、文章は木や竹でつくった細い板を何本もつなげた木簡《もっかん》あるいは竹簡《ちっかん》に書かれていました。幅一センチほどの木簡に文字を書くのに、書かなくてもわかるような部首は、省《はぶ》かれることが少なくなかったのです。

碁《ご》を指す／将棋《しょうぎ》を打つ

→ 碁を打つ／将棋を指す

【囲碁をプレーする／将棋をプレーする】

≫敵を囲んでいく碁と、前へと進む将棋

二〇一八年に全面改訂した岩波書店の『広辞苑』第七版で「打つ」の項目を見ると、「碁・将棋・すごろくなどの遊戯《ゆうぎ》を行う」という記述があります。だとすれば、碁でも将棋でも「打つ」という表現をしてもいいようです。

ただ、同じ『広辞苑』で「指す」の項目を見ると、「(駒を進める意で)将棋をする」とも記されています。この記述に従うならば、将棋のみ「打つ」と「指す」の両方を使えるということになります。

「打つ」という語句は叩《たた》く、はじく、殴《なぐ》るなど、手でおこなう幅広い動作に使われます。一方、「指す」という語句は、ある方向を示す意味で使われます。

碁も将棋も盤を使いますが、ゲームのスタイルは異なります。いうまでもなく、碁は白と黒の石を並べて相手の石を囲むもので、このため碁は「囲碁」と呼ばれます。碁を「打つ」ときには、盤に石をカチンと当てて「打ち込み」ます。

一方、将棋は敵陣に向かって前へ前へと駒を進めて「指して」いきます。

「碁を差す」ともいった平安時代

日本に中国から碁が伝わったのは、六世紀頃だったといわれます。将棋が伝わったのは八世紀頃だそうです。将棋は駒の種類やルールが日本独自に発展しましたが、碁は基本的に中国でおこなわれるものと同じです。

古典の文献では碁の例が目立ちます。平安時代の一一世紀初頭に成立した『源氏物語』でも、囲碁は「打つ」と書かれていました。ところが、同じ平安時代の一二世紀に成立した『今昔《こんじゃく》物語集』では、囲碁を「差す」という表現が使ってあります。

ちなみに、麻雀《マージャン》も「打つ」といいます。ばくちも「打つ」といいますが、ばくちを漢字で書けば「博打」なので「博打を打つ」といえば「頭痛が痛い」のような重複表現になってしまいます。本来は「博」の一文字のみでギャンブルの意味をもっていました。

「飲む、打つ、買う」といいますが、この場合の「打つ」は、やはり麻雀を指すのでしょう。でも、よくわかりませんが、囲碁や将棋も賭け事としてハマってしまうと、麻雀と同じようなものになってしまうのでしょうか。

恨《うら》み骨髄《こつずい》に達する

……> 恨み骨髄に徹《てっ》する

【非常に強く人を恨んでいる】

≫中にまで染みわたった状態が「徹する」

「恨み骨髄に徹する」というフレーズは、紀元前一世紀の漢《かん》の時代に司馬遷《しばせん》が著《あらわ》した『史記《しき》』に出てきます。激しい恨みが骨の髄《ずい》にまで染みわたるという意味ですね。

一見して、「達する」でも文意は通りそうです。「達する」であればどこかにたどりつくという意味で、「到達する」といったりしますね。数値で表現するものであれば、人数が一〇〇〇人ちょうどになれば、その時点で「一〇〇〇人に達した」という言い方をします。

一方、「徹する」であれば、何かが奥深くまで通る、ものごとをひたすら貫き通すという意味になります。「徹底する」とか「夜を徹して」といった言い方がありますね。

したがって「骨髄に達する」であれば、恨みが骨髄にまで届いたけれど、そこで止まった状態というイメージでしょう。これが「骨髄に徹する」となると、骨髄の中にまで充満しているというイメージになります。「徹する」のほうがよりディープですね。

つつましい暮らし

→ つましい暮らし

【地味で質素な暮らし】

目立たない生活でなく倹約生活のこと

「つましい」という語句は、漢字では「倹しい」あるいは「約しい」と書きます。この「倹」と「約」をくっつければ、出費を抑えるという意味の「倹約」という熟語になります。

「つましい暮らし」とは、あまりお金を使わない質素な暮らしです。

倹約という語句以外で「倹」の字を使うことはなかなかありませんが、「倹素《けんそ》」「節倹《せっけん》」といった語句があります。いずれも無駄な出費を避けることで、「倹約」とほぼ同じ意味です。

一方、「つつましい」という言葉は、漢字では「慎ましい」と書きます。「慎」の字にも、地味で質素という意味があります。しかし、この字には「心」を意味する「りっしんべん（忄）」がついていることからわかるように、気が引ける、控《ひか》えめにするといった精神的な意味合いをさす使われ方が多いのです。

もし「つつましい暮らし」と書くのなら、出費を抑えた質素な暮らしという意味よりも、目立たないように控えめに過ごす暮らし方といったことになるでしょう。

押し着せ

……→お仕着せ

【上から一方的に支給されたもの、型どおりのもの】

≫無理やり感はあるけど違います

人に強要する「押しつけ」や「押し売り」のように、「押し～」という言葉を頭につけて表現することは少なくありません。「押し倒す」「押し込む」なども、そうしたもののうちに入るでしょう。あまりいい言葉ではありません。

しかし、「おしきせ」の語源は、これとは異なります。

「押し着せ」と書いては間違いで、「お仕着せ」と書かなくてはなりません。それでは「お仕着

女子社員にだけ
押し着せの制服は
おかしいって
意見が出てね
全社員
着ぐるみ制服で
働いてもらう
ことにしたんだ
え
ざわ…
ざわ…
ハッ。。
会社の犬……!!

せ」とは何でしょうか？

「仕」の字には、「人に仕《つか》える」という意味があります。官職に就くことや、浪人の武士が大名などに召し抱えてもらうことを「仕官」といいました。

支給品がありがたいものとは限らない

江戸時代は、幕府に仕える奉公人や商家で働く丁稚《でっち》などに対して、季節に応じて主人が衣服を支給するようになっていて、この習慣と実際に与えられた衣服を「仕着《しきせ》」あるいは「為着《しきせ》」といっていたのです。

季節ごとに支給されるという意味で「四季施《しきせ》」と書かれることもあったようです。これに「お」がついたものが、「お仕着せ」です。

そこから、目上の人が現場の意見に関係なく一方的に提供するものを「お仕着せ」というようになったのです。

部下の意見を聞かないで、人に強要するような態度からすれば「押し〜」と書いてもいいじゃないかと思いますが、わが国の古い慣習がこういう言葉に息づいているというのは、なんだか風《ふ》情《ぜい》があるのではないかと思うのです。

びんちょうまぐろ

↓びんながまぐろ

【小型のまぐろの一種】

≫「びんなが」＝「胸ビレが長い」だった

現在、鮮魚店で売られている切り身や鮨《すし》屋のネタでは「びんちょうまぐろ」と呼ばれることが多いのですが、じつは「びんながまぐろ」が正式な魚の名前です。

魚の図鑑を見るとわかるのですが、「びんながまぐろ」は、胴体の両側面にある胸びれが非常に長く出ています。これを人の鬢《びん》（頭の左右側面の髪）の毛にたとえて、「鬢が長いまぐろ」「びんながまぐろ」となったのです。

また、この魚は、胸びれを広げた姿を昆虫の羽に見立てて、「とんぼ」と呼ばれることもあるそうです。

どういう経緯で、いつから魚屋などで「びんちょう」のほうが定着したのかは明らかではありませんが、「備長炭《びんちょうずみ》」が広く使われるようになった一九九〇年代頃のようです。

現在も魚介類の図鑑などには「びんながまぐろ」と書かれています。

追徴金《ついちょうきん》

……→ 追徴金《ついちょうきん》

【追加徴収されるお金】

≫罰金ではなく単に不足金額を取っているだけ

「追徴金」とは、行政法では、税金などで本来支払うべき金額を納付していない場合、追加で徴《ちょう》収《しゅう》する分のお金を指すことになっています。また、刑法の場合は、犯罪によって得た利益のうち、すでに使ってしまったりして没収できず、追加で徴収する分のお金を指します。

いずれもお金を徴収するので、「徴」の字が使われています。

「徴」は人やものを召し上げることを表す漢字です。軍隊に人を集めることを「徴兵《ちょうへい》」といいます。また、公共機関や軍隊が民間人に物資を供出させることを「徴発《ちょうはつ》」といったりします。

一方、「懲」の字は、「懲役《ちょうえき》」や「懲罰《ちょうばつ》」という語句があるように、「懲《こ》らしめる」という意味の漢字です。このため、処罰の意味でお金を徴収されるから「追懲金」だと思ってしまう人がいるかもしれません。

しかし、実際にはこれは罰金ではなく、手続き上で不足している金額を追加徴収しているだけなので「追徴金」と書かれるのです。

決して、「懲らしめよう」と思ってお金を取っているわけではありませんから、追徴金を払うときは、あまりカッカと怒らないほうがいいかもしれませんね。

桃《とう》源《げん》境《きょう》

……→ 桃源郷

【世俗を離れたユートピア、パラダイス】

≫「境」は地の果てのイメージ

「桃源郷」という言葉は、東晋《とうしん》の詩人・陶淵明《とうえんめい》（三六五～四二七）の『桃花《とうか》源記《げんき》』に見える理想郷がもとになったといわれています。

ある日、桃の林に迷い込んだ漁師が、外の世界とは隔絶した、平和でとても豊かな村にたどり着きます。聞いてみると、もう七〇〇年以上も前に、秦《しん》の始《し》皇帝《こうてい》の圧政を逃れてきた人たちの子孫だということで、その頃から彼らの生活はまったく変わっていないというのです。しばらく滞在して、漁師は家に帰りますが、再び訪ねてみようとしても、決してその村は見つかりませんでした。

さて、「桃源郷」の「きょう」という漢字、同じく人里離れた土地を意味する「秘境」や「魔境」「辺境」という言葉があることから、「郷」ではなく「境」だと思ってしまう人も少なくないようです。

「境界」「国境」といった語句があるように、「境」という字は土地と土地との区切り、ある領分の終わり、隅《すみ》っこや端《はし》っことなる場所を意味します。ですから、「秘境」のように「〇〇境」という場合は、物理的な地の果てという趣旨になってしまいます。

古代の日本では、「坂」は「境」と相通じる意味で使われていました。実際に、平地では坂が村落の境目になっていることが多かったのでしょう。『古事記《こじき》』では、現世と死後の世界である黄泉国《よみのくに》は陸つづきですが、途中に黄泉比良坂《よもつひらさか》という境界の坂があります。

どこにもないが、どこにでもあるところ

ところで、「郷」の字は、一般に、「田舎」「ふるさと」というニュアンスをもっています。岐阜県の「白川郷《しらかわごう》」や兵庫県の酒どころである「灘五郷《なだごごう》」、また石川県には「加賀温泉郷《かがおんせんきょう》」があります。

また、現代の「市」「町」「村」になる以前、古代の律令制では『郷《ごう》』は地方行政単位の名前になっていました。

さて、桃源郷とは、秘境や辺境のような人の世から遠く離れた場所にあるものとは限りません。無為《むい》自然の思想を説く『荘子《そうじ》』には、「無《む》何有郷《かゆうきょう》」という言葉が使われています。これは「何《いず》くにも有ること無き郷」と読んで、「どこにもないが、どこにでもあるところ」をいうのです。

生きていると、つらいことは少なからずあります。でも、どこかホッとすることのできるところがあれば、そこは「桃源郷」と呼んでもいいでしょう。必ずしも「辺境」にある「桃源」を探す必要はないのです。

万《ばん》事《じ》窮《きゅう》す

……→ 万事休す

【すべて終わり、手づまりの状態】

»「休み」ではなく「おしまい」の意味

「休す」とは、「完全に終わる」「完全に止まる」ことを表します。したがって「万事休す」とは、すべてが終わり、もはや何もしようがない、打つ手がないという状態のことを指します。

これに対して「窮」の字は、行きづまって身動きがとれない、困った状態になっているという意味を表します。

この字の上の部分には「穴」、下の左側には「身」があります。これは人が穴の中に入り込んで、身動きがとれなくなっている姿を示しているのです。

「窮」を使った熟語には、「困窮《こんきゅう》する」「窮乏《きゅうぼう》する」など、苦難におちいっている状態をさす場合が少なくありません。しかし、「窮す」は苦難で動けなくなっている状態で、まだ終わりというわけではありません。

「休憩」とか「夏休み」などのように、わが国では「休」という漢字を「一時的にあることを止めている」という意味で使いますが、本来の「休」の意味は「完全に終わる」「完全に止まる」ことを表します。

「台風の影響で飛行機は全便運休です」などというときの「運休」なども、「万事休す」と同じ意味での「休」なのです。

何しおう

⋯⋯》名にし負う

【名高い、名前が知られている】

》名のあるものに使われる古風なフレーズ

パソコンで文章を書いていると、「〜の名に恥じない」が「〜の何恥じない」と変換されることがあります。いわゆる「誤変換」です。「語変換」ではありません！　「名にし負う」も、「何しおう」ではもはや何だかよくわかりません。

「名にし負う」とは、現代ではなかなか使う機会のない古風な言い回しですが、実体をともなったものとしてその名を背負う、あるいは、その名をよく知られる、名高い存在であるという意味の言葉です。

たとえば「富士山といえば名にし負う名山」といった言い方をします。あいだの「し」を略して、単に「名に負う」と書かれる場合もあります。

「名にし負はばいざ言《こと》とはむ都鳥《みやこどり》わが思ふ人はありやなしやと」

これは『古今《こきん》和歌集』にある在原業平《ありわらのなりひら》の和歌です。都から遠い東国で、都鳥と呼ばれる鳥に、「都鳥という名を背負うぐらいなら、お前に問いたい、（都にいる）私の思い人はどうしているのか」と歌っているのです。

パソコンの日本語辞書も、だいぶ進化して誤変換をしなくなってきましたが、古語にはまだまだうまく対応していません。古文を使った文章を入力するときは、とくに注意をしないといけませんね。

フリーの客

……↓ ふりの客

【一見さん、初めて来た見知らぬ客】

死語からできた新語？

「ふりの客」という言葉は、半分、死語になりつつあります。

こういう経験はありませんか。

見知らぬ土地に行って、どこかいい店がないかなぁと思いながら、ドアを開けると、客の目全

申し訳ございません
当店完全紹介制と
なっておりまして…
大丈夫
大丈夫
私には紹介なんて
意味がない
人はみな
どこかで
つながっているもの
だからね
――って
大物のふりしてみた
かったんだ――
帰ってくれ

部がこちらに向く。……なんか入りにくい雰囲気が漂って、思わずドアを閉めて、居心地の悪さを噛《か》みしめてしまう。

こんなときには「一見《いちげん》さんお断り」とか、看板を出しておいてくれればいいのになぁと思わずにはいられません。

「ふりの客」とは、常連客だけで成り立っているようなお店に、いきなり初めてやってきた、「客」のことをいいます。

見知らぬ土地をブラブラして入ってきた客というところからすれば、「フリーの客」でも意味は通りそうですが、漢字では「風《ふり》の客」あるいは「振りの客」と書きます。

「風の客」なら、文字どおり、風のようにふらふらっとやってくる客ということになるでしょう。また「振りの客」なら、いつも来ている常連であるかのような「振り」をして入ってくる、その場限りのかりそめの客、ということになります。

》関西っぽいふり=「関西風」

ほかにも、一般用語として「ふり」という言葉は、「なりふり」「ふるまい」という意味でも使われます。たとえば「知らないふりをする」なら漢字は「振り」、関西っぽい料理なら「関西風」というように、「振り」と「風」は意外と近い用法になります。

日本語ならではの、言葉遊びのおもしろさが隠されたこんな言葉が死語になるのは、ちょっと寂しい感じがしないでもありません。

そういえば、最近、おもしろい言葉を聞きました。「釣りに行く人」のことを「ツーリスト」というそうです。「ふりの客」と「フリーの客」との関係と似ていませんか。

見《み》染《そ》める

……→ 見《み》初《そ》める

【相手を一目で好きになること】

一目惚れなら「初める」

「見初める」といえば、初めて見た相手に好意を抱くことをいいます。恋愛の対象でなくても、何かを初めて見るという意味で使われることもあります。

「染める」に比べて「初める」のほうはなかなか目にする機会がないので、「見染める」だと思ってしまう人がいてもおかしくないでしょう。しかし、お正月には「書き初《ぞ》め」があります。また、恋愛関係が始まったときの経緯を「馴《な》れ初《そ》め」ともいいます。

じつは「染める」と「初める」は、語義としては同源ともいわれます。たしかに、真っ白な布に初めて色をつけるのが「染める」ことだとすれば、そうとも思えてきます。恋愛でも「あなたの色に染まる」という言い方をしたりしますから。

とはいえ、これはある程度以上、関係が深まってからの話でしょう。ファーストコンタクトの時点を指して、「見染める」という言い方は適切ではありません。

「見初める」の同義語に「思ひ初《そ》む」という古語があります。気がつくといつもその人のことを思っている自分に気づく……そんなことをいう言葉です。

三《み》下《くだ》り半

……→ 三行半《みくだりはん》

【江戸時代の離縁状、離婚すること】

≫離縁状のフォーマットは三行半

現代でも週刊誌の記事などで、芸能人の男女で仲がもつれた末に一方が別れ話を宣言すると、「ついに三行半を突きつけた！」と書かれることがあります。

「さんぎょうはん」と読まないでください。「みくだりはん」です。

「三行半」とは、もともと江戸時代の離縁状の書式のスタイルで、自分は離縁するという趣旨の内容を三行半の文章に記して相手に渡すことになっていました。この文章にはすでにフォーマットがあって、それが「三行半」で書いてあったのです。現代では「三下り半」と書かれる場合もありますが、語源からいえば「三行半」が正しい書き方。

なお、三行半の離縁状を書くのは、武士ではなく庶民《しょみん》です。また、離縁状は夫から妻へ出されるのが通例で、妻から別れたいときは縁《えん》切り寺に駆け込みました。

ちなみに、本の内容などで「～のくだり」という場合は「行」ではなく「件」と書きます。そして、「件」を「くだん」と読むのは、この用法から転じたものです。

首《くび》実《じっ》験《けん》

……→首実検

【討ち取った相手の首を確認すること】

≫なぜ「顔実検」でなく「首実検」？

「首実検」という言葉は、時代小説や歴史の本でもない限り、いまの世ではなかなか目にする機会がありません。これは、合戦《かっせん》で討ち取った敵将の首や、捕らえて処刑した罪人の首が、果たして本当にその人物のものであるかを検分《けんぶん》することをいいます。

人の「首」を使っておこなう「実験」ではありません。

敵の首を討ち取ったことを、顔を見て実際に検分するのなら「首実検」より「顔実検」のほうが、意味としてはより正確になりそうです。しかし、「首」は「首から上の頭部全体」を指す意味で使われてきました。「首吊り」や「首の周り」という意味での「首」の部分だけを指すのではありません。

首実検という語句は、現代でもときおり、「顔を見て本人確認する」という意味で使われます。たとえば、捜査当局が、犯罪の容疑者となっている人物を、その人を知っている関係者に直接面会させて、本当にその人なのか確かめる場合などです。

「実験」と「実検」の違い

「検」は、「検査」「検定」「検証」「点検」「検察」「検束《けんそく》」といった熟語に使われるように、何かを取り調べる、あるいは取り締まるという意味があります。

一方、「験」の字は「試験」のようにためすという意味です。それから「何かのしるし」「ききめ」といった意味もあります。

昔は神仏に祈って病が治ったりすると「効験《こうけん》（功験）があった」といいました。それから勝負の前には「勝つ」にかけてトンカツを食べるといったように、よい運勢を引き寄せられそうな行為をおこなうことを「験《げん》を担ぐ」といいます。

したがって、「実験」のほうは何かの効果が見られるかどうかを確認する行為、「実検」であれば事実かどうか、本物かどうかを確かめることだと考えれば間違いありません。

鐘乳洞《しょうにゅうどう》

……→ 鍾乳洞《しょうにゅうどう》

【石灰岩が侵食されてできた洞窟】

形も意味も似ている「鐘」と「鍾」

「鍾」という漢字は「鍾乳洞」「鍾乳石」という熟語以外では、ほとんど使われる機会がありません。

「鍾」と「鐘」、どこが違うの？　……よく見てみてください。ひとつは「金」に「重」と書いてあります。もうひとつは「金」に「童」と書いてあります。

「鍾」は、もともとは古代の中国で円筒形をした青銅製の酒壺《さかつぼ》のことをいいました。

「鐘」は、お寺の鐘楼《しょうろう》にあって、一二月三一日から元旦《がんたん》にかけて撞《つ》かれる「鐘」です。酒壺から酒を注ぐように、人に愛情を注ぐことを「鍾愛《しょうあい》」ともいいました。

鍾乳洞とは、中に鍾乳石がたくさんぶら下がっている洞窟《どうくつ》のことです。鍾乳石とは石灰質を含んだ水が、洞窟の天井から、つらら状に垂れ下がったものです。

長い長い時間をかけてつくられた鍾乳石は、自然がつくった酒壺から一滴一滴注がれたものと古代の人は考えたのかもしれません。

》「鐘」=「ドーン」という音を表した漢字

さて、お寺の「鐘」には、なぜ「童」という漢字がつけられているのでしょうか？　それは「童」が、古代中国語では「ドーン」と発音されていたためです。つまりこれは、鐘の鳴る音を表すためにつくられたものだったのです。

似て非なる漢字は、探すとたくさんあります。それもそうでしょう、紀元前一五〇〇年頃から現在にいたるまでにつくられた漢字を全部集めると、ゆうに一〇万字を超すのですから。

間違えないで使うのがいちばんですが、間違ったときには、必ず、間違った理由と字源を探してみると、次に間違わないですむのではないかと思います。

不可決

→ 不可欠

【なくてはならないもの】

≫「決定できない」わけではなく……

「不可欠」とは、欠かすことができない、非常に必要性が高いという意味の言葉です。ですから「不可欠のもの」といえば、「なくてはならないもの」ということになります。

　ところで、会議などで結論を決める際には「可決」「否決」といいます。こちらは、それぞれ「提出された議案をよいと認めて決めること」「提出された議案を、不賛成もしくは不承認であると議決すること」という意味です。

「不可決」という言葉はありませんが、もしこう書いたら「決す可《べ》からず」ということなので「決定することができない」、「可決」「否決」のどちらともつかないことになってしまいます。

　不可欠と同じく「不可～」とつく言葉は、少なくありません。「不可能」は、「能《あた》う可からず」で「できない」。「不可視」は「視《み》る可からず」で「目に見えない」。「不可侵」は「侵《おか》す可からず」で「侵入してはいけない」……などです。

漢文を学校で学ぶ必要はない、という主張を耳にします。漢文訓読ができなくなると、熟語を覚えたり、理解したりするのもだんだん難しくなってきます。

不《ふ》詳事《しょうじ》

……→ 不《ふ》祥事《しょうじ》

【よくないこと、好ましくない出来事】

≫「祥」の羊は吉凶を占った供物のこと

「不詳」と「不祥」、じつによく似ていますね。前者は「事件の被疑者は不詳」「死傷者の数は不詳」のように、わからない、はっきりしないという意味で使われます。これに対して、後者の「不祥」は、不吉なことや、不運なことをいうのに使われます。

「祥」の左側の「しめすへん（ネ＝示）」の部分は、「神」「祝」「祈」など、宗教的な儀式に関連する漢字によく使われます。これは「示」が、天上から降臨する神を意味するからです。そして右側の「羊」は、中国の殷《いん》王朝、周《しゅう》王朝など漢字がつくられていた時代に、神に捧げる供物《くもつ》にされていました。「祥」とは、生《い》け贄《にえ》としての羊を神＝先祖の霊に捧げ、よいことをこの世にもたらしてもらうことだったのです。

しかし、こうした儀式にかかわらず、やはり天災などは起こります。「不祥」は、すなわちこうした不幸や不運をいうこととして使われるのです。

「詳」の羊は小さくてよくわからないの意

さて、「詳」の字は、「詳細」「詳述」「詳報」といった語句があるように、くわしいことや何かをつまびらかにすることを意味します。

こちらの「羊」は、神への生け贄を表すものではありません。「同じ羊が書いてあるのに、どうしてこちらは違うのだ？」といわないでください。こちらの「羊」は「とっても小さいもの」ということを表すのです。

『論語』に「鮮矣、仁（すくなきかな、じん）」という言葉があります。この「鮮」は「すくない」と日本語では訓《よ》むことになっていますが、意味としては「仁（人を思う心）が、ものすごく小さい」ということなのです。

「鮮」という漢字は、本来「鱻《せん》」と「羴《せん》」を合わせて書かれたもので、小さな子魚や子羊がいっぱいいることを表し、ここから「小さいもの」という意味と「たくさん小さなものがいて特定できない＝よくわからない」という意味に分かれて使われるようになったのです。

古代の人の生年は、よくわからないことが少なくありません。こんなときには「生年不詳」と書かれます。

物議《ぶつぎ》を呼ぶ

→ 物議を醸《かも》す

【世間の論議を引きおこす】

いまでいうSNSの炎上

「醸す」という言葉のもともとの意味は、麹《こうじ》を発酵《はっこう》させてお酒や醤油《しょうゆ》などをつくることです。発酵作用によって食品や飲料をつくることを「醸造《じょうぞう》」「醸成《じょうせい》」といいます。

そこから転じて、何かを発酵させるように、ある状態や雰囲気をつくりだすことを「醸す」といいます。たとえば、「いいムードが醸し出される」といった表現があります。

「物議を醸す」とは、あたかもお酒などが発酵していくように、何かが自然発生的に人々の噂《うわさ》としてどんどん盛り上がって広まっていくことをいうのです。

この表現は、明治期以降に広まりました。現代でいえば、さしずめSNSの炎上《えんじょう》とでもいう現象でしょう。

≫「物議」は醸す、「論議」は呼ぶ

ところで「物議を醸す」とは別に、「論議を呼ぶ／論議を招く」という言い方があります。「物議」なら「醸す」、「論議」なら「呼ぶ」あるいは「招く」ということになります。

それでは「物議」と「論議」はいったいどのように違うのでしょうか。

「物議」とは、ある話題についての人の噂、世間の取り沙汰《ざた》です。

これに対して「論議」とは、人々が意見を述べて話し合いをすることです。

こう聞くと「物議」とあまり違わないように思えますが、「論議する」という言い方はあっても、「物議する」とはいいません。つまり物議とは、人々が意見を述べている現象や状態そのものを指し、論議とは人々が意見を述べるという行動のことを指していう言葉なのです。

そうであれば、噂である「物議」は醸されてどんどん大きくなっていくのに対して、人と人が論争する「論議」では激昂《げっこう》して他の論客を招いたりすることはあっても、「醸される」ということはないことがわかるでしょう。

物議が醸されるというのは、なにかヘドロが川底で大きくなっていくような感じでいやですね。

遺《い》髪《はつ》を継ぐ

……→ 衣《い》鉢《はつ》を継ぐ

【先人の意志や教えを継承する】

≫お坊さんは髪を遺せない！

「いはつ」と聞くと、故人の形見の頭髪である「遺髪」を思い浮かべる人が多いと思います。時代劇でも、自害する武士の髷《まげ》を切り取り、家族に遺《のこ》すような場面があったりします。

でも、同じ「いはつ」でも「衣鉢」はそれとまったく異なります。「髪の毛」ではなく、お坊さんが身につける三種類の袈裟《けさ》である「衣」と托鉢《たくはつ》や食事に使う「鉢《はち》」（三衣《さんえ》一鉢《いっぱつ》）を遺すことをいうのです。そこから転じて、僧侶のあいだでは師から衣鉢を譲《ゆず》り受けることが、師の教えを受け継ぐ、免許皆伝《かいでん》のような意味をもつようになりました。

したがって、この言葉は親族間での遺産相続とかではなく、師匠から弟子へ技術や精神が受け継がれることを意味します。たとえば、すぐれた政治家の政策や、すぐれた芸術家の作風を受け継ぐ人物が現れると、「衣鉢を継いだ人物」といわれたりします。

なお、「遺鉢《いはち》」という言葉もあります。こちらも仏教に関係する用語で、師から弟子へと遺された宗派ごとの仏法の系脈のことをいいます。つまり、教えの中身そのものを指しているのですが、「衣鉢」に比べると使われる機会は少ないですね。

くり返しますが「遺髪を継ぐ」ではありませんので、間違いませんように！　お坊さんは、昔はみんな剃髪《ていはつ》していましたから、「遺髪」を遺そうとしてもできなかったと覚えておくといいかもしれません。

火蓋《ひぶた》を切って落とす

……→ 火蓋を切る

【戦闘を始めること】

≫切って落とすのなら「蓋」ではなく「幕」

「火蓋」とはもともと、火縄銃《ひなわじゅう》の部品の一つです。火縄銃では火薬が入っている部分を火皿《ひざら》といい、それをカバーする部分を火蓋といいました。火蓋を切って（開いて）点火すれば、射撃の準備が整います。

戦《いくさ》で火縄銃を使ったのは、天正《てんしょう》三（一五七五）年の織田信長《おだのぶなが》軍と武田勝頼《たけだかつより》軍のあいだで起こった長篠《ながしの》の戦いが有名ですが、このときも信長の火縄銃編隊は、火蓋を切って火縄銃の引き金を引いたのでしょう。

この頃から、「火蓋を切る」という言葉が、戦いや競争が始まるという意味で使われるようになったのです。

ところで「火蓋を切って落とす」という言葉、これは「幕を切って落とす」との混同で生まれてきた言葉です。

「幕を切って落とす」は、歌舞伎《かぶき》で開演のときに幕がさっと落ちることに由来し、何かを華々《はなばな》しく公開したり、派手にイベントを開始することを示します。スポーツの開幕なら、「火蓋を切る」と「幕を切って落とす」の両方が使えそうですが、混同して「火蓋を切って落とす」と使うのは、やはりおかしい言い方だと思われます。

》「口火を付ける」「口火を開く」も勘違い語

ところで似た表現に「口火を切る」というものがあります。「ものごとのきっかけを作る」という意味で使われます。よく「話の口火を切る」といったりしますね。

「口火」とは、爆薬などに着火するための最初の小さな火で、そこから転じて何かの原因を指す言葉として使われるようになりました。昔は火打ち金《がね》と火打ち石を打ち合わせて火をおこしていましたが、「火を打つ」と同じ趣旨で「火を切る」という言い方をしました。

「口火を付ける」という言い方をする場合もありますが、これは誤った使い方です。「口火を切る」とは点火することではなく、最初に火をつくる行為だからです。

また、「口火を開く」と書かれる場合がありますが、これも誤用です。「口を開く」という言葉があるために「発端《ほったん》を開く」という言い方と混同してしまったのでしょう。

「口火」を逆にした「火口《ほくち》」という語句もあります、火山の火口《かこう》とは異なります。火打ち石で火をおこす場合、最初の火花は非常に小さいので、燃え移りやすいものに引火させて火を大きくします、これを火口と呼ぶのです。

殺倒《さっとう》……→殺到

【人や物が勢いよく押しよせる】

≫勢いよく「倒れる」のではなく「到る」

「人が殺到」といえば、大量に人が集まった状態をいいます。「到」は「到着」「到達」のように、

「どこかへ到る」「たどり着く」という意味があります。

しかし、お祭りやイベントなどで大量に人が集まると、よく将棋倒しが起こるので、「倒」の字を思い浮かべてしまう人がいたとしてもおかしくないでしょう。実際に、将棋倒しによって人が圧死してしまう不幸な事故がたまにありますが、「殺到」という語句は、「人が殺されるほどに集まる」という意味ではありません。

「殺」の字は、生命を奪《うば》うことや、何かを無効にすることのほかに、強調の意味で使われる場合もあります。たとえば「忙殺《ぼうさつ》」といえば、忙しさのあまり殺されることではなく、非常に忙しいということです。このほか、「そぎとる」「減らす」「小さくする」といった意味でも使われます。「相殺《そうさい》」「減殺《げんさい》」などはこちらの用法です。

それにしてもやっぱり「殺人」などという言葉で使われる「殺」という字はあまり使いたい漢字ではありません。

始めまして

……→ 初めまして

【初対面でのあいさつの語】

始めまして！
ミナミと申します
あー…
始めましてじゃないですけどね
あっ
あわ
あわわ
わわわ
いいのよー私印象うすいし
あのときは今より若かったし
いえっ
20は若返ってらして気づきませんでしたー
それじゃ中学生になっちゃうわよ
3度めはなかった

「年始」というが「月始」とはいわない

「はじめ」という語句は「始め」とも「初め」とも書かれます。この二つの書き分けができないで「はじめまして」と、ひらがなで書く人が少なくありません。

「始」はスタート、「初」はファーストと覚えておくといいのではないかと思います。

「始」は何かを始めること、ものごとの起こりを意味します。「開始」「創始」「原始」などの語句に使われ、「始める」「始まる」といった動詞としての使い方もします。

これに対して「初」は、ものごとの最初の段階、回数での一番目を意味します。

「はじめまして」というあいさつは、何かを始めるということではなく、初対面の相手に対する呼びかけの語です。ですから、漢字では「初めまして」となります。

お正月は、年の始まりという意味で「年始」とも、年の最初という意味で「年初」ともいいますね。

ところが、ちょっとややこしいのが「月はじめ」という場合です。

「年末年始」という言い方はありますが、「年末年初」とはいいません。逆に「月末月初」という言い方はあっても、「月末月始」とはいいません。ですから「月初め」が正解なのです。

焼けぼっくりに火がつく

→焼けぼっくいに火がつく

【昔の関係が再燃する】

履き物でも松ぼっくりでもありません！

「ぼっくい」という語句は現代ではほとんど使われる機会がありませんが、漢字では「木杭」または「棒杭」と書かれます。「焼け木杭」とは、一度焼けて表面が炭になった「杭」をいいます。「木杭」は、生の木よりも火がつきやすいので、そこから転じて、「焼けぼっくいに火がつく」といえば、一度はお互いに冷めた男女が再び熱い関係になることをいうのです。

ところが、いまや「ぼっくい」という語句はほぼ死語なので、履き物の「ぼっくり」か、それとも「松ぼっくり」と思ってしまっている人が少なくありません。

履き物のぼっくりは「木履」と書かれ、もとは「ぼくり」とも読まれました。松ぼっくりは、漢字では「松毬」と書かれますが、「松陰嚢」とも書かれます。

「焼け木履」では焼けた女性ものの下駄、「焼け松陰嚢」では、なんか……ちょっといえない言葉になってしまいます。

効を奏《そう》す

……→ 功を奏す

【ことが成就する、うまくいく】

≫もともとは天子に功績を報告すること

何かが効果をあらわすという意味では「効を奏す」と書いても、誤りではありません。しかし、この語句はもともとは「功を奏す」と記《しる》すのが正しい表現でした。

「功を奏す」とは、本来は天子《てんし》（皇帝）に臣下が功績を報告することでした。

「奏」という字は、現代では楽器などを「奏《かな》でる」という意味に使われることが多いですが、古くから、天子に申し上げるという意味をもっていました。

第二次世界大戦の末期、近衛文麿《このえふみまろ》元首相は、昭和天皇に対し、皇室の存続のため早期終戦を唱《とな》える「近衛上奏《じょうそう》文」を提出したといいます。「奏上」も「上奏」も天子に申し上げるという意味ですね。

≫古代、音楽は個人が楽しむものではなかった

一方で、「奏」の字は古代から楽器を奏でるという意味でも使われました。ただし、楽器を奏でるという行為の趣旨が、現代とは異なります。

古代の東洋では祖霊《それい》を祀《まつ》ったり豊作祈願や収穫祝いをおこなう宗教的な儀式と政治が一体のものので、王はそれをつかさどる存在であり、音楽も王の前で儀式のために奏でられるものでした。つまり、音楽は個人が楽しむものではなかったのです。儒教《じゅきょう》では、儀礼と音楽をまとめて「礼《れい》楽《がく》」といいます。

しかし、時代が進んで政治と礼楽が分離すると、「奏でる」という語は、現在も使われているようにふつうに人前で楽器を演奏する行為を指すようになったのです。

「功を奏す」という語句は、略してそのまま「奏功《そうこう》」ともいいますね。功と奏の前後が入れかわっていますが、『論語』の「故《ふる》きを温《たず》ねて新しきを知る」という文章が「温故知新《おんこちしん》」（２４８ページ）という語句になったように、漢文の読み方にならった並びです。

現代では「効を奏す」と書いても通じるので、これも略して「奏効」と書くことができますが、「奏功」と書かれる場合に比べると、目にする機会はやや少ないです。

重《かさ》む赤字

→ 嵩《かさ》む赤字

【累積して増える赤字】

回数ではなく数値が増えるのなら「嵩」

「嵩」は、見てのとおり「山」と「高」を組み合わせた漢字です。文字どおり高い地位の人、高い徳の人を表す意味で「嵩高《すうこう》（＝崇高）」という使われ方もしますが、「嵩張《かさば》る」という語句があるように、もののサイズや量が大きいことを指し、「嵩む」といえば数値が大きくなることを意味します。

これに対して「重ねる」は、たとえば本を何冊も上へ上へ置いていくように物理的に重ねるという意味と、回数を何度もくり返すという二つの意味があります。

何度も赤字をくり返すという場合は「重む赤字」といえそうですが、累積する赤字金額が大きくなるという場合ならば「嵩む」のほうが適切です。

なお、「嵩」は、ものごとに勢いがあるという意味もあります。たとえば「嵩《かさ》にかかった言い方」といえば、勢いに乗った強い口調のことを意味します。これと間違えやすそうですが、「笠を着る」という表現は、他人の威を借りた態度のことです。

説《せっ》を曲げる

……→ 節《せっ》を曲げる

【自分の意思を曲げて人に従う】

≫肘やひざの関節を曲げる意味でもありません

「節」は、「季節」や「時節」のように、ものごとの節目や区切りを指しますが、そこから転じて人物を評価する言葉としても「節度」「節操《せっそう》」といった語句があります。「節」とは人の「徳」に関するものについて使います。

「節を曲げる」とは自分の節度や節操を曲げることです。

「説」は、意見や主張です。「説を曲げる」といえば、それまで自分がいっていた意見や主張を曲げるということになるでしょうが、こんな言葉はありません。

もし「説を～」という場合であれば、「説を取り下げる」「説を撤回する」、あるいは「△△説から××説に転向する」といった言い方のほうが適切です。

「説」と「節」、またしても同音異義語の問題です。

専問家

……→ 専門家

【ある分野ですぐれた知識や技術をもつ人】

「学問」なのに「専問」でないわけ

「専門」とは、ある学問分野を専一《せんいつ》に追究していることをいいます。

「学問」という言葉があるからでしょう、「専門」を「専問」と書く間違いをしてしまうのです。

それではなぜ「専門」は「門」と書かなければならないのでしょうか？

「門」の字は一般的には、文字どおりのゲート、入り口の意味で使われます。しかし、この一文字ですでに、学問や教養の系列という意味があります。

たとえば、どこかの学者の弟子となることを「入門」、師匠《ししょう》の下にある者は「門下」といいますし、仏教ならば「仏門」、さらに宗派のことを「宗門」といったりします。

ほかにも、「一門」「名門」「門閥《もんばつ》」のように、門の字は一族郎党《いちぞくろうとう》をあらわす意味でも使われます。門とは入り口だけでなく、何かのグループ、何かの分野を指しているのです。

水《みず》々《みず》しい

→瑞々《みずみず》しい

【新鮮で光沢がある】

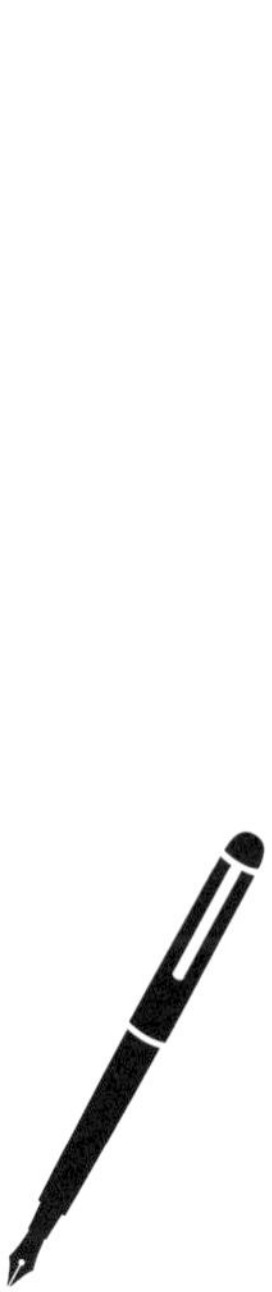

≫「瑞」とは宝飾品の「玉」のこと

「瑞」と「端」、似ていますが、間違わないでください！　「瑞《ずい》」は、おめでたいことのしるしを意味します。「瑞祥《ずいしょう》」や「瑞兆《ずいちょう》」といえばよいことの兆《きざ》しをいいます。

「瑞」は、もともと「玉《ぎょく》」を指していました。翡翠《ひすい》や瑪瑙《めのう》などの宝石です。漢民族は古くから「玉」を魂《たましい》の象徴とし、金や銀よりも貴重なものと考えてきました。玉でつくられた宝飾品は、副葬《ふくそう》品として多く発掘されます。これは、肉体がなくなっても、魂はいつまでも若く美しくあるようにということを願うためです。

さて、「みずみずしい」とは光沢《こうたく》があって若々しく、生気があって美しいものを指します。また、現代ではなかなか耳にしませんが、若々しいという意味で「みんずりとしている」という言い方もありました。

本来「水気がたっぷりある」という意味はない

『古事記』には、日本の美称として「豊葦原瑞穂国《とよあしはらのみずほのくに》」という言葉が出てきます。豊葦原とは豊かに葦《あし》が生い茂っている野原、瑞穂《みずほ》とはみずみずしい稲の穂が豊かに実っている国という意味です。樹木の若い枝を、「瑞枝《みずえ》」という場合もあります。

もともと「みずみずしい」とは、つやつやとして若々しいという意味だったのですが、これが「水々しい」だと思われる理由のひとつは、最近「みずみずしい肌」といった言い方をするからでしょう。「水気たっぷり、みずみずしい、ぷるんぷるんの、赤ちゃんのような素肌」みたいな言葉がよく使われます。

でも、すでに夏目漱石《なつめそうせき》は、一九一五（大正四）年に書いた随筆《ずいひつ》『硝子戸《ガラスど》の中《うち》』で、「母の水々しい姿」という表現を使っています。漱石は当て字を使う達人でした。「瑞々しい」という表現を知らないはずはないと思いますが、はたしてわざとこう書いたのかどうか――。

漱石にならってという理由で「水々しい」と書くのはかまいませんが、理由がないなら「瑞々しい」と書いたほうが無難《ぶなん》でしょう。

躍気《やっき》

→ 躍起《やっき》

【おどりたつこと】

「躍起」は、もともと身体の動きのこと

「躍起になる」という言葉は、「必死になる」「なりふり構わす取り組む」といった意味で使われます。精神的に真剣であるというイメージから、「起」を「気」で書いてしまう人がいてもおかしくありません。

もともとこの言葉は、「躍《おど》り起《た》つ」という身体の動作を指しました。「躍起」に「気持ちがせく」「やきもきする」といった、精神的なものを意味する用法が見られるようになったのは、江戸時代中期の一七七〇年代頃からです。

「躍」という字は、「跳躍《ちょうやく》」「飛躍」のように高くはね上がるという意味か、「活躍」「躍動」のように勢いよく動き回るという意味で使われます。「踊」の字も「躍」と同じく「おどる」と読まれますが、こちらは純粋にダンスの意味を指すことがほとんどです。「おどり出る」「胸おどる」

といった場合は「躍」の字を書きます。

第3章

意味がわかれば安心な「とまどい語」

古《こ》事《じ》紀《き》／日《に》本《ほん》書《しょ》記《き》

古事記／日本書紀

【いずれも古代の歴史書だが筆致は異なる】

『古事記』は物語形式、『日本書紀』は編年体

『古事記』と『日本書紀』は、ひとまとめにして「記紀《きき》」と呼ばれます。いずれも神話の時代から始まる古代の歴史書ですが、書き方などもかなり違います。

『古事記』は奈良時代七一二年に成立し、『日本書紀』はやや遅れて七二〇年に成立しています。『古事記』は物語形式で記されていますが、内容にはばらつきが大きく、話が飛んでいる箇所も少なくありません。

一方、『日本書紀』は中国大陸の王朝の公式な史書の形式にならい、出来事を年代順に書く編年体で、朝廷の系譜や事績などをひとつながりに記《しる》しています。また、『日本書紀』は外交的、とくに中国大陸にあった当時の唐《とう》王朝を念頭に書かれました。

日本で最初のひきこもり
天照大神
そのきっかけは
弟のスサノオが御殿で
ウンチしちゃったり
プリ
プーーリ
皮をはいだ馬を投げつけ
お手伝いさんをショック死
させたりしたから
えーい
ひーー
ひきこもるんなら
これぐらいの理由が
なきゃ許さん！
しょうがない
働くか…

》「記」＝メモ、「紀」＝公式の歴史書

さて、『古事記』の「記」は、ただ書きつける、書き留めるという意味で、内容がつながっていない走り書きのメモのようなものにも使われます。実際に『古事記』は、正式な歴史書をつくる前の、まだ断片の寄せ集めのようなものとして編纂《へんさん》されました。

これに対し、『日本書紀』の「紀」は、順序よく書き記すという意味で、『日本書紀』はそのとおり、糸のように長くつづく天皇家の皇位継承がメインに書かれています。

『日本書紀』のあとにつづいて朝廷公式の歴史書として書かれたものは、『続日本紀《しょくにほんぎ》』『日本後紀《にほんこうき》』『続日本後紀《しょくにほんこうき》』がありますが、いずれも「紀」がついています。

中国の歴史書では、帝王の皇位継承が「本紀《ほんぎ》」と呼ばれる部分に書かれ、これこそが歴史書の最も重要な部分とされました。

連携プレー

‥‥＞ 連係プレー

【密接につながった動き】

》糸で結べる距離の「係」、離れた距離は「携」

たとえば野球の試合で、複数の内野手やランナーなどがきれいにつながった動きを見せると、「みごとな連係プレーだ！」といったりします。

「連係」とは、お互いがつながって密接な関係をもつことです。この言葉はもともと「連繫」と書かれました。「繫」の字はつながるという意味です。

「係」と同じく「糸」がついていますね。組織の「組」と「織」や「縁」、継承の「継」、紹介の「紹」など、人と人がつながることを示す字の部首には「糸」がついていることが少なくありません。

これに対して「連携」とは、お互いに連絡をとって協力することです。「連係」とほぼ同義に使える場面もありますが、「国と国が連携する」「企業と大学が連携する」など、こちらは距離や立場が離れたもの同士の場合にも当てはまります。「携」の字は携帯電話の「携」なので、離れたもの同士と覚えておくと、理解しやすいかもしれません。

プリント基盤

→ プリント基板

【電子回路の配線パターンが描いてある板】

複雑でもただの板なら「基板」

「基板」とは、パソコンなどの電子機器の内部にある、ＩＣチップや抵抗などが並んでいる板です。見た目は非常に複雑ですが、これは文字どおり物理的な「板」です。

一方、「基盤」といえばものごとの基礎や土台のことで、物理的なものだけを指すとは限りません。たとえば、「社会基盤」といえば、上下水道や通信設備、交通機関、あるいは教育機関や医療機関などのインフラストラクチャー全般を意味します。

ただ、面倒なことに、電気機器に関係する「配電盤」や「分電盤」には「盤」の字が使われています。「盤」とは表面の平らな台、テーブル、あるいは食物を盛る器《うつわ》を指します。囲碁《いご》に使う台を碁盤といい、また野球のボードゲームを野球盤といったりもします。

つまり、プリント基板は単なる「板」ですが、配電盤や分電盤は、電気の流れを調節するスイツチやブレーカーが載せられた「台」なのです。

一《いっ》睡《すい》の夢

→一《いっ》炊《すい》の夢

【はかないことのたとえ】

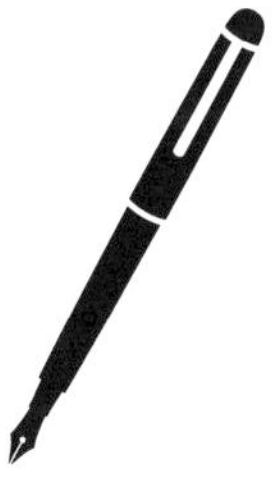

≫「ひと眠りの間の夢」ではなく「ご飯が炊ける間の夢」

「一睡」とは、ちょっとひと眠りすることです。忙しくてちっとも眠れなかったときなど、「昨日は一睡もできなかった」という場合があります。そこで、「ひと眠りするあいだに見る夢＝一睡の夢」と思っている人もいるのではないでしょうか。

「一炊の夢」というフレーズは、中国で唐《とう》の時代に成立した『枕中記《ちんちゅうき》』というお話が元ネタです。

その昔、盧生《ろせい》という若者が、立身出世をめざして現在の河北《かほく》省にある邯鄲《かんたん》の町にやってきました。盧生は、ある茶店で道士《どうし》（道教の修行をする人）から枕を借りて昼寝をしたところ、栄華をきわめて波瀾万丈《はらんばんじょう》の生涯を送る夢を見ます。ところが、目が覚めてみると、ひと眠りする前に注文した粥《かゆ》がまだ炊きあがっていないほどの短い時間でした。

ここから、「一炊の夢」という言葉は「人生の栄華も一瞬のようにはかないものだ」というたとえの意味で使われるようになったのです。

同じ意味で「盧生の夢」「邯鄲の夢」、あるいは「邯鄲の枕」と呼ばれる場合もあります。

室町時代のラップ風フレーズにも登場

室町時代に成立した『太平記《たいへいき》』には、「天上《てんじょう》の五衰《ごすい》　人間の一炊　唯《ただ》夢かとのみぞ覚《おぼえ》たる」という一文が出てきます。これも人生のはかなさを語ったものですね。

「天上の五衰」という言葉は仏教用語で、「天人《てんにん》の五衰」ともいいます。仏教では天界の人々も永遠に不滅ではなく、寿命を迎えると衣服が垢《あか》で汚れたり、不快な体臭がするようになったりという、五種類の徴候《ちょうこう》がみられることをいいました。三島由紀夫《みしまゆきお》が晩年に執筆した『豊饒《ほうじょう》の海』四部作の最後の巻は、『天人五衰』というタイトルです。

先の『太平記』の一文は、「天上の人々も衰《おとろ》える、人間の人生は一炊の間、すべては夢のようだ」と述べているわけです。中世の僧侶《そうりょ》や武士、貴族などのあいだでは『枕中記』のような中国大陸の古典が、誰もが知っている基礎教養だったことがうかがえます。ちなみに、「五衰」と「一炊」の部分は韻《いん》を踏んでいます、なんだかラップのようですね。

時《じ》機《き》尚《しょう》早《そう》

……→ 時期尚早

【あることをおこなうのに時期が早すぎること】

「機」は一瞬、「期」は一定のスパン

同じ「じき」でも「時機」は、「一時的なもの」「一瞬のチャンス」などを指しますが、「時期」のほうは「ある限られた期間」「時分」「ころあい」をいいます。

「機」の字には、何かの「きっかけ」という意味があります。

たとえば「機会」「機運」「契機」「好機」といった言葉がありますが、いずれも時間の流れがつづいているなかで、どこか一点の場面を指していいます。なぜかというと、もともとこの字の右側の部分の「幾」には、「何かの兆《きざ》し」「始まり」という意味があるからです。

「期」の字は、「学期」「周期」など一定の長さの時間を指す場合に使われます。「期限」や「期日」も、最終日の一点ではなく「その日まで」という意味です。

ものごとの終わりを指すのに「最後」といいますが、人が死ぬ間際のことは「最期」と書かれます。これは「人生の終わりの時期」を意味するからなのです。

≫「時機」「時期」とも違う「時宜」

「時期尚早」とは、「まだそれをおこなうべき時期ではない」ということです。もしこれが「時機」であれば、「その一瞬のタイミングがまだ来ていない」ということになるでしょう。

「転機を迎える」とか「この機を逃さずに実行する」といった場合には、まさに一瞬のタイミングを指しているわけですから、「機」のほうが正解です。

また、「時機」あるいは「時期」と似て異なる語句で「時宜《じぎ》」という言葉もあります。「宜」の字は「よろしい」と読みます。「便宜《べんぎ》をはかる」といえば、相手に対してよろしくはからうということ。「時宜」とはちょうどよろしいタイミングのことです。

うそ吹く

……➜ うそぶく（嘯く）

【平然という、ほらを吹く】

本来は口をすぼめて吹くこと

大言壮語《たいげんそうご》や誇大《こだい》なハッタリをいうと「〜とうそぶいている」などといわれます。このため「うそ吹く」「嘘吹《うそぶ》く」だと思ってしまう人がいてもおかしくないでしょう。

しかし、べつに嘘をいっているわけでなくても、不相応に偉そうなことをいったり、犯罪者が平然と懲《こ》りていないような口ぶりをする場合にも、この語句は使われます。

うそぶくとは、漢字では「嘯く」と書き「嘘」と「嘯」はまったく別の字です。嘯くとは、本来は口をすぼめて口笛を吹くことで、狂言に使われる面にも口をすぼめた表情の「嘯《うそふき》」というものがあります。

また、詩歌を口ずさむことを「吟嘯《ぎんしょう》」といいます、この意味では、歌唱の「唱」という字に字義は近いともいえそうです。

一方で、嘯の字には、吠《ほ》える、うなるという意味もあり、虎が吠えるように英傑が現れて派手に活躍することを「虎嘯《こしょう》」といったりもします。

汚《お》名《めい》を晴らす

……→ 汚名をすすぐ、汚名をそそぐ

【悪い評判を消し去る】

汚れは「洗う」もので「晴らす」ものではない

悪い評判や不名誉な評判を意味する「汚名」という言葉は、日本では平安時代から使用例があり、『源氏物語』の「夕霧《ゆうぎり》」にも出てきます。

汚名は「晴らす」のか？　「すすぐ」のか？　迷った場合は「汚れ」なのだから「洗う」ものだと考えればよいでしょう。「すすぐ」とは「洗う」「清める」ということです。

この「すすぐ」という語句には、さまざまな漢字が当てはめられます。

ふつうに水で洗い流してきれいにするのなら「濯《すす》ぐ」ですね。「洗《すす》ぐ」と書く場合もあり、この二つの漢字を組み合わせれば「洗濯」という語になります。

夏目漱石は水ではなく石で口をすすいだ？

歯磨《はみが》きをしたあとのように、口に水をふくんですすぐ場合は、「漱《すす》ぐ」と書きます。

夏目《なつめ》漱石《そうせき》のペンネームはこれに由来します。『三国志《さんごくし》』には「石に枕し流れに漱《くちすす》ぐ」という一節が出てきます。俗世間を離れて山奥で暮らし、石を枕にして川の流れで口をすすぐという意味でした。

のちに晋《しん》の孫楚《そんそ》という人物が、これを誤って「石に漱ぎ流れに枕す」といってしまいました。ところが孫楚は、「石に漱ぎ」は歯を磨くこと、「流れに枕す」は耳を川につけて俗世間の言葉を洗い流すためだと、無理やりな意味づけをしてごまかしました。

漱石の本名は金之助《きんのすけ》といいましたが、孫楚に劣《おと》らず屁理屈《へりくつ》をこねる性格だと自負していたのか、この話から自分のペンネームにしたのだといわれます。

さらに、恥や不名誉をとり除く場合は「雪《すす》ぐ」とも書きます。したがって、「汚名を雪ぐ」と書いても誤りではありません。なお、「雪ぐ」という表現については、「雪辱《せつじょく》」という語句の説明でくわしく触れます（２３８ページ）。

さて、「すすぐ」に対して「晴らす」は、雲や霧《きり》のように、周囲を覆い隠しているものをとり払うという意味になります。「疑いを晴らす」「疑心を晴らす」「容疑を晴らす」という文ならば、「晴らす」というほうが適当でしょう。

交換神経

→ 交感《こうかん》神経

【呼吸・循環・消化などの調節をつかさどる神経】

神経はとりかえるのではなく感知する

何かをとりかえるという意味の「交換」という言葉は、日常的によく使います。

一方、「交感」という語句もあり、こちらはお互いに心が通じ合うことをいいます。それから「交感」には、「交尾」の意味もあるのです！

しかし、「交感」は、「交換」に比べてあまりなじみがありません。「こうかんしんけい」と音だけを耳で聞いて、ついつい頭の中で「交換神経」だと思ってしまう人がいてもおかしくないでしょう。

医学用語の「交感神経」とは、人間のような脊椎《せきつい》動物の体の中で、自分の意思と関係なくひとりでに作用する自律《じりつ》神経の一種をいいます。

心臓をはじめとする循環器《じゅんかんき》や、肺や気管のような呼吸器、胃や腸といった消化器などの働きをつかさどっている神経です。

これと対《つい》になるのが「副交感神経」です。交感神経が心臓の脈拍《みゃくはく》を高めるのに対して、副交感神経は脈拍を抑えるなど、交感神経の働きと反対の動きを臓器に命じます。

体の中で神経を通じて指令が「感知」されて反応が返ってくるのならば、「交換」ではなく「交感」とイメージすれば、間違うことはないでしょう。

»「神経」も「交換」も明治期の新語

「神経」という言葉は、むかしからある中国由来の言葉ではなく、「nerve《ナーブ》」の訳語として近代に入ってからつくられたものです。

日本では「交感神経」という語句は、一八七六（明治九）年に刊行された『具氏《ぐし》博物学』が初出です。具氏とはアメリカの作家サミュエル・グッドリッチのことで、『具氏博物学』は明治初期の自然科学の入門書で小学生の教科書としても使われました。

ちなみに、「交換」という語句も古くからある言葉ではなく、一八七〇年頃から使われるようになった明治時代の新語です。「交換」と「交感神経」がいずれもほぼ同時期にできた日本語だったとは、ちょっと意外ですね。

講議 ····> 講義

【学問を教え説くこと】

「議」は話し合いや自説のこと

現代ではもっぱら講義という語句は、大学の授業のことをいいますね。言葉で学問を人に説明するので、「ごんべん（言）」がついている「議」なのかと思う人もいるでしょう。

講義とは「義を講じる」です。「義」の字には、儒教《じゅきょう》の徳目《とくもく》での人としての正しい道、ものごとの道理、あるいは教義や教え、といった意味があります。一方、「議」は「会議」や「論議」のように、論じること、相談すること、あるいは意見や自説を意味します。

したがって、先生が正しい教えや学説をみんなに授業するのであれば「講義」ですが、もし「講議」だったらみんなで論じ合うグループミーティングになってしまいます。

ちなみに、同じ「こうぎ」でも人に反対意見や苦情を訴える「抗議」のほうは、「議」の字ですね。はっきりと正しい意見なら「義」といえますが、人に抗《あらが》って訴えている段階ではまだ、自分の意見や説を論じているだけなので「議」なのでしょう。

新訳聖書

……＞新約聖書

【イエスと神の契約を記したキリスト教の聖典】

契約更新によってキリスト教は生まれた

キリスト教の『聖書』は、「旧約聖書」と「新約聖書」の二部から構成されています。この「約」とは翻訳ではなく、「神との契約」のことなのです。

旧約聖書はキリスト教の聖典であると同時に、もともとユダヤ教の聖典でした。「旧約」とは聖書の「出《しゅつ》エジプト記」の場面で、預言《よげん》者モーセが神と交わした契約を指します。それから長い年月が過ぎると、ユダヤ教の改革者として、万人向けの教えを説くイエスが現れました。「新約」とはこのイエスが新たに神と結んだ契約で、イエスの死後、その教えはユダヤ教から独立したキリスト教として広まります。

新約聖書とは、イエスの言行録などを収録したものです。ただし、ユダヤ教徒はイエスが神と新たな契約を結んだことを認めず、旧約聖書のみを単に『聖書』と呼びます。

英語では、旧約聖書は「Old Testament」、新約聖書は「New Testament」と記されます。この「テスタメント（Testament）」は証拠、証明、誓約、神との契約のことです。聖書を意味する言葉として知られている「バイブル（Bible）」という語句は、旧約聖書と新約聖書を含めた言い方です。ときおり、他宗教の場合でも「聖典」の意味でバイブルといいます。

「約」は人を拘束するもの

漢字の「約」という字には「糸へん」がついていますね、この字は、足かせをして人を縛《しば》ることを示していました。

「約する」という動詞は、縄《なわ》やひもなどを結ぶことを指し、古代の東洋ではひもで結び目をつくることを取り決めの目印としていたといいます。ここから転じて、取り決める、約束するという用法が生まれたようです。

また、糸やひもではありませんが、古代の東洋では手紙に封をするため使った泥《どろ》のかたまりのことも「約」といいました。「約を破らない」といえば、勝手に人の手紙を見ないことを意味しました。いずれにせよ、約とは人の意志を拘束《こうそく》するものだったわけです。

狂気《きょうき》乱《らん》舞《ぶ》

……→ 狂喜乱舞

【非常に喜んで舞い踊ること】

「狂」はネガティブ語ではなかった

　正解は「狂喜乱舞」ですが、これが「狂気乱舞」であれば、なにやらわけもなく暴れ回っているようなイメージに思われます。

「狂喜」という語句は、「ひどく喜ぶ」ことを意味し、とくに精神的に異常な状態を指すものではありません。この語句は、中国・清《しん》朝の一八世紀に成立した娯楽《ごらく》小説の『紅楼夢《こうろうむ》』などに用例が見られ、日本では江戸時代から使われるようになりました。

「狂」という字は、「けものへん（犭）」に「王」がついています。これは本来、犬（獣）が、まるで王様のようにわがままに振る舞うことを示していました。

　現代では、精神的な疾患《しっかん》をもつ人への配慮の面から、「狂」という字を使うことははばかられる場合が多いようです。しかし、じつは「狂」という字は必ずしもネガティブな意味ではありませんでした。

この字は、古代には「クレイジー」というより「とっても」という意味で、つまり強調の意味でも使われました。いまでも、非常にセクシーな人を指して「狂艶《きょうえん》」などという使い方が残っています。

『論語』の「狂者」＝積極的な人

『論語』（子路《しろ》篇）に、「中行《ちゅうこう》を得て之《これ》に与《くみ》せずんば、必ずや狂狷《きょうけん》か。狂者は進みて取り、狷者は為《な》さざる所あり」という孔子《こうし》の言葉があります。

バランスのとれた中行（中庸《ちゅうよう》）の人と交流すべきだが、それができないなら、狂者か狷者がよい。狂者は積極的で、狷者は節義を守り真面目《まじめ》だ、という意味です。

「狷」とは性格的に固いという意味で、人の話を聞かない頑固《がんこ》な人を「狷介《けんかい》」といったりします。

ちなみに、現代の中国語では俗語的な表現として、「酷《こく》」の字が古代の「狂」の字と似たような意味で使われます。「すげー」とか「マジで」といった感じでしょう。決して「むごい」という意味ではありません。

また、「狂喜」と同じく「きょうき」という読みで「驚喜」という語句もあります。こちらは予想もしていなかったラッキーなことに出会って、驚きつつよろこぶことです。

漢字の使われ方は、時代とともに変化していきます。古典を読むときは、現代の意味だけで漢字の意味を考えないようにしないといけません。

借金の精算

→ 借金の清算

【借金をきちんと返済すること】

≫ 精密な計算ではなくきれいにするための計算

買い物に行って、レジで会計をするのは「精算」です。これは、買った商品の代金などを、間違いがないように「精密に計算」することをいいます。

これに対して「清算」のほうは、「清める」という漢字がついているように、計算して「清《す》んだものにする」という意味があります。ですから、借金を返済してきれいにする場合は「清算」と書きます。会社経営などでは、「清算」といえば、廃業したり法人を解散するとき、それまでの債務を整理したり、残った財産を適切に処分することを意味します。

ここから転じて、不倫相手ときれいさっぱり別れたり、素行《そこう》の悪い友達と絶縁するなど、過去のよくない関係をリセットする場合も「関係を清算する」といいます。

過去つきあった女性たちとはすべてフェイドアウトで別れてて…
そうですか
元カノが今もボクに心を残しているかと思うと胸が痛んで
え
いやーそれはないんじゃないかな〜〜〜
過去を精算したいんです
経理の私に言われても

なお、同音異義語には「成算」という言葉もあります。成功する見込みや目算《もくさん》のことですね。「このビジネスは成算がある」といった言い方の場合はこちらです。

多寡《たか》が知れる

……＞高《たか》が知れる

【相手のレベルをはかる、その程度だろうと安易に予測する】

≫大正時代の大作家も間違えた！

小説家の有島武郎《ありしまたけお》は、一九一九（大正八）年に刊行された『或る女』の中で「多寡をくくる」と書いていました。有島は育ちのよい坊っちゃんでしたが、これは誤用です。

画数《かくすう》の多いむずかしい漢字を使うのが正式な表現という先入観をもっている人がいるのではないかと思いますが、「多寡」と「高」は微妙に意味が異なります。

「多寡」とは、多いことと少ないことです。「寡」とは少ないことを意味します。「寡黙《かもく》」といえば口数が少ないこと、「寡婦《かふ》」といえば夫と死別、離婚した女性を意味する言葉です。

このほか、少数の有力な企業が市場を独占していることを「寡占《かせん》」といったり、「聞いたことがない」ということを謙遜《けんそん》ぎみに表現して、「寡聞《かぶん》にして存じません」といったりします。

さて、「知れる」ではなく「くくる」はどういう意味でしょう。これは、「物を拘束《こうそく》する」という意味のほかに、「これぐらいだろう」と程度を予測するという用法があります。ちなみに「高をくくる」ではなく「腹をくくる」なら、覚悟を決めるという意味になります。

相手の「高さ」を値踏みする

したがって、もし「多寡が知れる」「多寡をくくる」といえば、何かの量が多いか少ないかが予想できるという意味になります。これでも文意は通りそうですが、正解の「高」は人としてのレベルの高さや身分の高さをいうのです。

昔の武士の位《くらい》と財産の量は、領地から得られる米の「石高《こくだか》」で表されていました。米の一石《こく》は容積が約一八〇リットルに相当し、それで何万石の大名などといっていたのです。

ですから、武士同士の会話で「高が知れる」「高をくくる」といえば、「お前の家の石高はこの程度だろう」とか、「お前はがんばってもこれくらいの石高しか得られないだろう」というように、相手を値踏みする意味があったのです。

「石高」という言葉が使われなくなると同時に、「高をくくる」という言葉の意味もわからなくなり「多寡をくくる」という言い方になったのが、ちょうど、有島武郎が生きた大正時代だったのでしょう。

矢《や》表《おもて》に立つ

→ 矢面《やおもて》に立つ

【非難を受ける立場になる】

敵の矢は顔の向く方向から飛んでくる

たとえば企業や官庁の不正が発覚してネットで炎上《えんじょう》し、非難が集中する立場になった人を、「矢面に立つことになった」といいます。

もともとこの語句は、文字どおりに戦場で敵の矢が飛んでくる正面に立つことをいいました。こうした言い方は『平家物語』などに見られます。

正面とは顔が向く方向です。時代劇ではときどき「顔をあげよ」という意味で「面《おもて》をあげよ」といったりします。

現在では、「矢表」と書かれているのを目にすることも少なくありません。

実際に「表」と「面」は、古くからよく同義に使われました。「面」という字は、人の顔や仮面を意味するとともに、「書面」「文面」のように外側、表面に現れているものを指します。

しかし、語源に従うならば「矢面」のほうが正しい書き方です。「矢表」と書くと、「矢裏」という言葉もあるのかと思ってしまいます。

座《すわ》りがよい

→据《す》わりがよい

【安定している、一致している】

≫もともとは人が向かい合う姿が「座」

同じ「すわる」という語句でも、座の字を使う場合は「座る」、据の字を使う場合は「据わる」と書きます。据の字のほうは「据える」という言い方もします。

「座」のほうは、「坐」とも書かれます。この字は「土」の上に「人」が二つ並んでいますが、これはお尻の形を書いたものです。お尻をペタンとつけて坐ることが、この漢字のもともとの意味なのです。

ここから「座興《ざきょう》」とか「座がもりあがる」というように、人が集まっている場そのものを指したり、「将軍の座」「首相の座」というように人の身分を指したりするようになりました。中世には、朝廷や貴族や寺社などの保護を受けた商工業者の集まりのことや、商売をする場所を「座」といったりするようにもなります。

「いすわる」という場合も「居座る」と書くことができます。

手で物を置くなら手へんの「据」

一方、「据」のほうは左側に「手へん（扌）」がついているように、手で置くことを意味します。ですから、物が安定して置かれている場合は「据わりがよい」といったりします。

生後間もない赤ちゃんは、首がぐにゃぐにゃなので、抱っこするのに注意が必要ですが、赤ちゃんの「首がすわる」という場合も「首が据わる」と書きます。首が安定して固定されるというような意味でしょう。

「据」という漢字は、もともとは「手先を用いて傷つける」という意味がありましたが、やがて、「人や物を配置する」「種《たね》を植える」「建物などを設置する」という意味で使われるようになります。

さらに、この漢字には、「感情や気持ちを落ち着かせる」「人の心の中に、ある性質が据わっている」という意味があります。

最近あまり使われませんが、おごりたかぶるという意味で「据傲《きょごう》」、おごってあなどるという意味で「据慢《きょまん》」という語句もあります。この二つの語句の後半部分同士をくっつければ「傲慢《ごうまん》」

となりますが、このときの「据」は「傲（慢）なる性格が心の中に据わっている」という意味になります。

文明開花

→文明開化

【文化が発達して世の中が開けること】

明治の「文明開化」だけで使われる

「開花」であれば文字どおりに花が開くことです。「今年の桜の開花は遅いなぁ」などというように、使われます。一方、「開化」は、わが国の明治時代の「文明開化」を指す以外に、使われる機会はほとんどありません。

「開化」とは、英語で文明や文化などを意味する「civilization《シビライゼーション》」の訳語としてつくられました。明治初期の流行語で、牛肉とねぎや豆腐などを煮たすき焼きのような鍋《なべ》が「開化鍋」と呼ばれたり、牛肉と卵を使った牛丼のような料理が「開化丼《どんぶり》」と呼ばれました。当時は、牛肉を食べるのが、ヨーロッパの影響を受けて現れた新しい「食」の「文明開化」だったのです。

一度、明治時代に「文明開化」した日本は、以来ずっと先進国として成長をつづけてきています。とすれば、再び「開化」することもなかなかできません。ただ、いろんなことを発明したりしながら「開花」していく人はいます。

こんなふうに、「開花」とは、ひとりひとり、あるいは「花」のようにひとつひとつ、個別に開くことと考えると、間違えないですむかもしれません。

稲の収獲

……→稲の収穫

【農作物を取り入れること】

≫草食系なら「のぎへん」、肉食系なら「けものへん」！

「獲」と「穫」の字は、いずれも「かく」と読まれます。「どこがちがうんだよ！」と怒らず、間違い探しか、『ウォーリーをさがせ！』のようにしっかり見てみてください。

「犭」と「禾」の違いが見つかりましたか？　農作物を取り入れるという場合なら左側に「のぎへん（禾）」のついた「穫」です。「禾」がついている漢字には、「稲」や「豊穣《ほうじょう》」の「穣」などがあります。いずれも農業や穀物に関係する字ですね。

さて、左側に「けものへん（犭）」がついた「獲」の字は、獣や魚などを捕まえる場合に使われます。「獲」を使った熟語には「獲得」や「捕獲」などがあります。

じつは、「穫」の字は、実生活では「収穫」という熟語以外にあまり使われることがありません。だからなのですが、「収穫」を「収獲」と書き間違えてしまうのです。

もちろん「収獲」という言葉もあります。これは、獣や魚などを捕まえて「集める」ことをいったものです。でも原則からいえば、「収獲」を「農作物の収穫」に対して使うのはやっぱり誤りです。

「草食系」か「肉食系」か……「草食系」なら「禾」、「肉食系」なら「犭」と覚えておくと間違うことはないかと思います。

徹回／徹収／徹廃

→ 撤回／撤収／撤廃

【一度出したものを取り下げること／その場から引き上げること／取りやめること】

「徹」は「とことん」の意味合い

「徹」の字と「撤」の字は、見た目も似ているうえに、いずれも動詞で「てっする」という言い方で使います。

「徹」は左側が「ぎょうにんべん（彳）」、「撤」は左側が「手へん（扌）」となれば、当然意味もそれぞれ違います。

「徹」には、「とことんまで行く」「何かを貫き通す」といった意味があります。だから一晩中ずっと仕事をすることを「徹夜」といいます。このほか「徹底」「徹頭徹尾《てっとうてつび》」「一徹《いってつ》」といった言葉があります。

「徹」の字は「とおる」とも読まれますが、同じ読みの「通」の字とくっつけて「通徹《つうてつ》」という熟語もあります。これは、「貫き通ること」で、「物事に通じ徹すること」から転じて、「明らかにさとること」「はっきりと知りつくすこと」という意味です。

「手へん」の漢字は「手で～する」意味合い

一方、「撤」はあまり使ったことがないという人が多いのではないでしょうか。

「撤」は「扌」がついていることが示すように、手で何かを取りのぞいたり、引き払ったり、作業するようなものを示しています。

「撤回」ならば、一度提出したものを、引っ張って手元に戻すということを意味します。「撤廃」ならば「取りやめること」、「撤去」であれば「物を取り払うこと」です。

「撤収」や「撤退」「撤兵」ならばその場から引きあげることです。

なお、「徹」と「撤」の字に比べると、使われる機会は少ないですが、「轍」という字もあります。この字は左側に「車」とついていますね、道に刻まれた車輪の跡をさす「わだち」を意味します。「轍《てつ》を踏む」という慣用句の場合はこの字で書きます。つまり、先に通った馬車や荷車と同じ「轍《わだち》」を踏むように、先人と同じ進み方をすることです。

「とてつもない」という慣用句は「途轍もない」と書きます。これは道理がないということです。

似たような漢字は、二つか三つ、同時に合わせて覚えておくと違いもわかって便利です。

過小申告

……> 過少申告

【実際よりも少ない額を申告】

≫「小さく申告」ではなく「少なく申告」

「小」と「少」はいずれも「しょう」と読まれるので、何かとまぎらわしいですね。

本来「小」は貝などの小さなものを示し、「少」はそれをつなぎ合わせたものを意味しました。いまは、「小」は物体としてのサイズやスケールが小さいこと、「少」は数が少ないことと覚えておくと間違いはありません。

「過少申告」とは、金額を少なくごまかして申告することなので「少」の字を使います。金額は可算《かさん》名詞（英語かフランス語みたいな文法用語になりますが、一つ、二つと数えられる名詞）なので「少額」という言い方があります。

もちろん「小」という漢字を使って「小銭《こぜに》」「小金《こがね》」という言葉もあります。しかしこちらのほうは桁《けた》自体が小さいという意味で、不可算名詞としての「お金」を意味しますから、反対は「大銭《おおぜに》」「大金《おおがね》」ということになります。

スーパーやコンビニで、レジの人がいう「大きいほうから」がこれですね（私はこれを聞くたびに、トイレの「大小」をつい思ってしまうのですが）。

ところで数学の「小数」は、少ない数という意味ではなく、桁自体が整数の「1」よりも小さい数字を指します。

でも「少数派」「少数意見」といった場合は、人数が少ないことを指しますから「少」の字です。

なぜ「小年」「小納言」「小尉」ではないのか？

それでは「少年」や「少女」というのは本来どういう意味なのでしょうか。

少年も少女も子どものことですから、一見して、大人と比較して「小さい」という字が使われるほうが正しいようにも思えます。

しかし、少年とは書いて字のとおり「年（歳《とし》）が少ない」ことです。「少」という一文字でも「歳の数が少ない」「歳が若い」という意味で使われるので、「少壮《しょうそう》（歳が若くて元気）」「幼少（幼くて歳が若い）」といったりします。

物のサイズを段階的に示す場合は、相対的なものとして「大・中・小」という書き方をしますが、身分や官職は段階的に具体性をもって上ったり下ったりすることができるものですから「大・中・少」で記されるのが基本です。律令《りつりょう》制の「大納言《だいなごん》・中納言・少納言」、近代以降の軍隊でも「大尉《たいい》・中尉・少尉」と使います。

このほか「少量」や「減少」のように、数値で規模や増減を示せるものは「少」が使われ、「弱小」「小物」「小川」のように、相対的に小さいものは「小」の字で書かれます。

禍《か》根《こん》

……↓ 禍《か》根《こん》

【わざわいの起こるもと】

≫悪い感情ではなく悪い出来事

「禍根」の「禍」はわざわいや災難を意味します。「戦禍《せんか》」「惨禍《さんか》」などといったりします。「禍根」とは「わざわいの根」ということです。しかし、縁起《えんぎ》がよくないことなので「うらみ」の「恨」だと思ってしまう人がいてもおかしくないでしょう。

「禍根」と似た「遺恨《いこん》」という言葉は「恨」で書かれます。こちらは、「忘れがたい恨み」や、「残念に思うこと」です。つまり、精神的・感情的なものだから「心」を意味する「りっしんべん（忄）」がついた「恨」で書かれるのです。

一方、「禍根」の場合は人の精神的・感情的なものというより、わざわいのもととなるような出来事、トラブルの原因そのものなどを指しています。「遺恨」といえば、恨みがましい残念な思いが残ったという文意ですが、「禍根を残した」といえば、将来のトラブルになりうる問題を解決しないまま残したといった文意になります。
「根っこ」なのか「恨み」なのかを考えてみると、簡単に区別がつくかと思います。

肉迫《にくはく》……→肉薄《にくはく》

【身をもって相手の近くにまで迫ること】

≫どちらで書いてもOKだった

「肉薄」には「にくうす」と「にくはく」という二種類の読み方があります。「にくうす」の場合は、文字どおり「肉が薄いこと」「痩《や》せていること」です。人間や動物に限らず、物理的に厚みがないものを「肉薄な板」「肉薄な刃《は》」といったりもします。

一方、相手にぎりぎりまで近づくという趣旨で使われる場合は「にくはく」です。こちらの用法であれば「肉迫」と書いても間違いではありません。

中国の元《げん》王朝の歴史を記した『元史《げんし》』には、敵がたくさんいる中を前進することを意味する言葉として「肉薄」が使われています。また、わが国江戸後期の儒者《じゅしゃ》・歴史家である頼山陽《らいさんよう》が著《あらわ》した『日本外史《にほんがいし》』でも、やはり戦闘の場面で「肉薄」と記《しる》されていますが、昭和の初期に書かれた小林多喜二《こばやしたきじ》の『不在地主』では、「肉迫」のほうが使われています。

どちらで書いてもかまいません。

≫薄暮は「薄暗い夕暮れ」ではなかった

実際に、音が同じ「薄」の字と「迫」の字は、古代から近い字義で使われていました。「薄」の字は、もっぱら「物の厚みや色彩」、あるいは「密度」などが「少ない」という意味で使われます。しかし、「近づく」「迫る」といった意味でも使われます。

たとえば、夕暮れのことを「薄暮《はくぼ》」といいますが、じつはこれは薄暗い夕暮れという意味ではなく、「太陽が大地に迫っている」夕暮れという意味なのです。

また、使われる機会はあまりありませんが、草むらや野原のことを指す「林薄《りんぼ》」という言葉があります。草木の密度が薄い枯《か》れ野原のような感じに思えますが、原野が迫ってくるような状態をいうのです。

「せまる」という意味での「迫」と「薄」の字義にあえて違いがあるとすれば、「迫」の字は襲うようにせまってくる感じであるのに対し、「薄」のほうは自然にゆっくりとせまってくるようなことをいいます。

言葉の使い方、選び方にはセンスが必要です。語感を磨《みが》くには、辞書を見るだけでなく、たくさんの例文に触れることが必要です。

片身《かたみ》が狭い

……＞肩身が狭い

【世間に面目が立たない】

≫「片身」＝魚、「肩身」＝人のこと

「片身」とは片方の身で、体の半身《はんしん》をいいます。よく魚屋やスーパーで、さばやほっけなどを左右に切った半分だけを切り身で売っているものが片身です。半身《はんみ》といったりもします。「かたみが狭い」は魚の話ではないので、おかしいですね。

人の場合には「肩身」を使います。人の肩と身ですが、これは体面《たいめん》や世間体《せけんてい》を意味します。亡くなった人が遺《のこ》したものなら「形見《かたみ》」です。なぜ「見」の字かというと、べつに故人の身体の一部ではなく、それを見ると故人を思い起こさせるものだからです。

また、「肩代わり」という語句がありますが、これも「片代わり」ではありません。人が背負っていたものを代わりに背負うからです。荷物を背負う場所といえば肩です。借金を返したとき

どーーん
どどーん
きゅう…
キッ
パーソナルスペースの比率に応じて運賃を決めるべきです！
案外肝がすわってんな

などの比喩《ひゆ》的な意味でも、「肩の荷が下りた」といいます。
「肩」は凝《こ》ります。「片」や「形」は凝ったり切り身になったりしませんから、注意しましょう。

敵に遅れをとる

……→ 敵に後《おく》れをとる

【敵に力が及ばない】

》「後れ」＝距離、「遅れ」＝時間のこと

「おくれる」という言葉は、「後れる」と「遅れる」という二つの書き方がありますが、多くの場合はどちらを使ってもそれほど文意に違いはありません。

「後れる」ならば「後方」「後続」といった語句があるので、人が並んだ列で後ろになるように、物理的に距離が後方になることを指します。たとえば、陸上競技の長距離走で「前の走者から後れる」といった場合や、取り残されるという意味で「進歩から後れる」という場合はこちらでしょう。

一方、「遅れる」のほうは、「遅刻」「遅延」といった言葉があるように、時間的に遅れることです。「事故で電車が遅れる」「作業が遅れる」といった場合や、ほかの人よりも時間的にあとから何かを始めて「遅ればせながら」という場合はこちらです。

心がひるむのは「気遅れ」でなく「気後れ」

「敵に後れをとる」という言い方は、「敵に力が及ばない」「負けている」という意味ですから、「後れ」のほうが適切です。ただし、レースのように敵と時間的な後先を争っている場合であれば、「遅れをとる」という書き方をしても不自然ではないでしょう。

「後れる」と「遅れる」のいずれも、対義語は「進める」か「先を行く」です。「敵に後れをとる」の反対ならば「敵に先んじる」か「敵に先手を打つ」でしょう。時間的な意味の「遅れる」だけならば「早まる」も対義語になります。逆に、距離的な「後れる」ならば「前に出る」という言い方も対義語になります。

また、「気後れ」あるいは「心《こころ》後れ」という語句もあります。たとえば、たくさんの人に囲まれたり、強そうな敵を前にして、心がひるむことですね。これも「気遅れ」と書かれることがありますが、怖《お》じ気《け》づいて心が退いてしまっているイメージだと考えれば「気後れ」のほうが適切です。

気後れしないようにするためにも、遅刻はしないようにしたほうがいいでしょう。

抗《こう》性《せい》物質

……> 抗生物質

【菌《きん》や細胞の活動を阻止《そし》する物質】

≫「生命活動」に抵抗する物質だから

抗生物質とは、肺炎《はいえん》や梅毒《ばいどく》の治療に使われているペニシリンや、結核《けっかく》の治療に使われるストレプトマイシンのような、細菌《さいきん》などの生命活動を抑える物質のことです。

これは「antibiotics《アンチバイオティクス》」の訳語です、「anti（アンチ、アンタイ）」という語句は、何かに反対する、抵抗するという意味の接頭語としてよく使われます。「biotics」のみなら直訳すれば「生命力学」ですが、細菌などの生命活動に抗《あらが》う物質だから「抗生物質」というのです。

抗生物質の抗菌作用を利用した薬剤は、「抗生剤」と呼ばれます。

もし、これが「抗性物質」だと、「ある性質に抗う物質」という意味になってしまいそうです。

事《こと》の外《ほか》

→ 殊《こと》の外

【予想外であること、際だっていること】

≫「殊」はふつうと「異」なること

同じ「こと」でも、「事件」「事態」「事情」といった語句に使われる「事」は、「物事《ものごと》」「出来《でき》事《ごと》」をいうときの名詞として使われます。

これに対して、「特殊」という語句に使われる「殊」は、「とくに」「ことさらに」という意味の副詞です。

「事の外」でも、予想外や思いの外という意味では適当な感じがしますが、「突出した」「飛び抜けた事態」という場合であれば、「殊の外」のほうが正しいということになるでしょう。

たとえば、「殊勝《しゅしょう》な心がけだ」といえば、「なかなか滅多《めった》にない、立派な心がけ」という意味で使われます。戦場で手柄を立てたり、仕事で大きな業績を挙げることを「殊勲《しゅくん》」といいますが、これとほぼ同じ意味で「殊功《しゅこう》」「殊績《しゅせき》」という言葉もあります。

人と「異」なるほどの偉業を成し遂げようとするなら、「殊の外」「仕事」に邁進《まいしん》すべきでしょう。

伯《はく》中《ちゅう》……＞伯仲《はくちゅう》

【兄弟、力が拮抗していること】

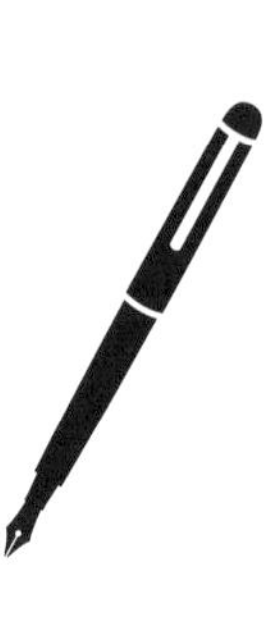

長男・次男・三男・四男＝「伯仲叔季」

「自軍と相手チームの実力が伯仲している」といえば、敵味方の力が拮抗《きっこう》していることです。しかし、「伯仲」とは本来、兄と弟のことを意味しました。古代の中国では、兄弟の長男を「伯」、次男を「仲」、その次を「叔」、末っ子を「季」と書いて区別しました。この兄弟の順序をまとめて「伯仲叔季《はくちゅうしゅくき》」といいます。

兄弟でいちばん上を意味する「伯」の字は、ここから転じて組織のトップやリーダーの意味で使われる場合もあります、古代の律令制では、神祇《じんぎ》官の長官を「伯」といいました。すぐれた画家を「画伯」というように、敬称にも使われます。

≫もう迷わない「伯父」と「叔父」！

ところで、親族関係で父母の兄や姉なら「伯父」「伯母」と書かれます。同じ「おじ」「おば」でも、逆に父母の弟や妹なら、次男よりも下を意味する叔の字で「叔父」「叔母」と書かれます。「伯」が上で「叔」が下というのは、兄弟で真ん中の「仲」を基準にした関係です。

末子の「季」は、実際に「すえ」とも読まれます。中世から近世の人物には、源《みなもとの》満季《みつすえ》、藤原《ふじわらの》範季《のりすえ》など、季と書いて「すえ」と読む名前の人がよくみられます。ただし、誕生時には末子でも、そのあとさらに弟が生まれた人物ももちろんいます。

もともとは兄弟のことを指していた「伯仲」という語句を、二者のあいだで力に差がないという意味で使った初期の用例は、三世紀に魏《ぎ》の文帝《ぶんてい》（曹丕《そうひ》）が著《あらわ》した『典論《てんろん》』に見られます。曹丕は、『三国志《さんごくし》』の主要キャラクターとして有名な曹操《そうそう》の息子です。

日本語の語彙《ごい》の文化を、中国の歴史と照らし合わせて見ると、その古さや層の厚さがおもしろいほど見えてきます。

類《るい》をおよぼす

→ 累《るい》をおよぼす

【悪い影響を他人に与える、まきぞえにする】

≫怪談のヒロインの名は「かさね」

「類」とは、「分類」「類似」「類型」のように同じ性質をもつことを指し、「親類」という語句があるように血縁のある一族を指す場合もあります。

「累」は、下に「糸」の字があるように、芋《いも》づる的に人やものが結びついていくものです。積み重なった数字を「累計」といったり、扶養《ふよう》しなければいけない親族を「係累《けいるい》」といったりします。

歌舞伎《かぶき》や浄瑠璃《じょうるり》に「累物《かさねもの》」と呼ばれる怪談の一群があります。夫に殺された累《かさね》という女の亡霊《ぼうれい》が夫の後妻やその娘に祟《たた》り、さらに以前の累の父の世代の因縁《いんねん》まで絡《から》んで、親の代の因果《いんが》が子孫に累《るい》をおよぼしていくというお話です。落語では『真景累ヶ淵《しんけいかさねがふち》』という怪談話が有名です。

なお、「累」の字を同じ発音の「塁《るい》」と間違える人がいるかもしれませんが、こちらは砦《とりで》を意味し、そこから転じて野球のベースを指して使われるようになりました。

「類」「累」「塁」、簡単な漢字ですが、いざというとき、ついつい書き間違いそうになりますね。

露《ろ》地《じ》裏《うら》

……→ 路地裏

【表通りに面していない場所】

≫屋根がない場所か、道に面した場所か

「路」の字は「路線」「路面」といった言葉があるように、「道」を意味します。

これに対して「露」のほうは、「水のしずく」「つゆ」という意味でも使われますが、「露出」「発露」といった語句があるように、「むき出しであること」、表に出ていることです。

ですから、家と家のあいだにある細い道を指す場合は「路地」です。

「露地」なら、屋根のないむき出しの場所のことです。農業では、ビニールハウスなどを使わずに屋外の田畑で野菜や果物などを育てることを、「露地栽培」といいます。

また、昔ながらの寺院などでは茶室の横にある庭園（茶庭《ちゃてい》）を「露地」といい、これは「路地」と書かれることもありました。茶室に付属するだけに、屋根がないただの庭ではなく、衣服を整え人と待ち合わせる「待合《まちあい》（寄付《よりつき》）」、亭主の迎えを待つ「外腰掛《そとこしかけ》」、「雪隠《せついん》（便所）」、手を洗うための「蹲踞《つくばい》（低めの手水鉢《ちょうずばち》）」などが置かれていました。

第4章
丸呑みで覚えるに限る「ややこし語」

喧《けん》々《けん》諤《がく》々《がく》

→ 喧々囂々《けんけんごうごう》／侃々諤々《かんかんがくがく》

【大勢がうるさく議論すること／遠慮なく直言すること】

「朝生」的なうるささ「喧々囂々」

「喧々諤々」という語句は、本来はありません。これは、「喧々囂々」と「侃々諤々」という二つの語句が混同されてできたものです。

まず、「喧々囂々」とは、たくさんの人が勝手に発言して騒がしいことです。

「喧」の字には、騒がしい、きびしい、煩《わずら》わしいといった意味があります。「やかましい」は「喧しい」と書き、「喧嘩《けんか》」という言葉に使われます。「喧伝《けんでん》」といえばうるさくいいふらすこと、「喧噪《けんそう》」ならば物音や人の声が騒がしいことです。

「囂」も、やかましいという意味です。上下左右に「口」が四つもあるので、いかにもうるさそうですね。人がうるさいことを「囂《かしま》しい」といいます。この語句は、女性が三人でおしゃべりしている姿を示して「姦《かしま》しい」とも書かれます。

　また、人から非難が集まることを「非難囂々《ひなんごうごう》」といいます。「非難轟々《ごうごう》」とも書かれますが、「轟」なら人の声ではなく物音なので、字義的には「囂」がふさわしいでしょう。

正論をズバリ直言する「侃々諤々」

　一方、「侃々諤々」とは、はばかることなくズバリ正論を堂々と述べることです。この語句の場合は、二文字に略して「侃諤《かんがく》」と書かれることもあります。

「侃」の字は、心が正しく強いことを意味します。正直で気性《きしょう》が強いことを「侃々」といいます。「諤」は正しいことを気兼ねせずにいうことを意味します。ものごとをありのままにいうことを「謇諤《けんがく》」といいます。「諤」の左には「ごんべん（言）」がついているので、ものをいうこと、発言することだと覚えておけば間違わないでしょう。

　左側が「心」を意味する「りっしんべん（忄）」の場合は、驚きを意味する「愕《がく》」の字になります。「愕然《がくぜん》」「驚愕《きょうがく》」などの語句に使われるのはこちらです。

「喧々囂々」と「うるさい」、「侃々諤々」と「正しいことをいう」、と何度か唱えてみてください。どちらがどっちか、覚えることができると思います。

大平洋

→ 太平洋

【アジア、オーストラリア、南北アメリカの大陸に囲まれた大洋】

「大きな海」でなく「太平な海」

太平洋、大西洋、インド洋は「三大洋」と呼ばれます。この「三大洋」も「大西洋」も「大」の字で書かれますが、「太平洋」だけは「太」の字で書かれます。

なぜなのでしょうか?

じつは「太平洋」とは「大きな海」を意味するのではなく「太平な海」ということからつけられたものなのです。

「太平」とは、「天下太平」というように平和なことを指します。

もともと、大航海時代の一六世紀はじめに世界一周をおこなったマゼランが、この海のことを「El Mar Pacifico」(穏やかな海)と記し、それが漢語に訳されて「太平洋」と記されるようになったのです。

ちなみに、太平洋南方に位置しているオーストラリアやポリネシアなどの地域を意味する「オセアニア」は、漢語では「大洋州」と書かれます。これは、大きな海である「大洋」に面している地域だからです。この「大洋」は「太洋」とは書かれません。

菅原道真は「大宰府」勤務で、「太宰府」没

「太平洋」と「大西洋」と同じく、「太」と「大」の使い分けがされる地名に、福岡県の「太宰《だざい》府《ふ》」があります。

地名としての太宰府市、同地にある神社の太宰府天満宮《てんまんぐう》の場合は、「太」の字が使われます。しかし、律令《りつりょう》制のもとで同地に置かれた九州を治める地方官庁の名は、大宰府と書かれ、「大」の字が使われます。

ですから、学問の神様と呼ばれる菅原道真《すがわらのみちざね》は、都から「太宰府」に左遷《させん》されて「大宰府」の役人となり、死後は「太宰府天満宮」に祀《まつ》られたということになります。

受験生のみなさん、天満宮にお詣《まい》りに行くときに、「大」と「太」の書き分けができるようにしておきましょう！

苦汁《くじゅう》の選択

→ 苦渋《くじゅう》の選択

【つらく苦しい選択】

嘗めたり飲まされたりするものが「苦汁」

「苦渋」とは書いて字のとおり、苦くて渋いことです。そこから転じて、ものごとが思いどおりにいかず、苦しみ悩むこと、精神的につらいことをいいます。

「苦渋の選択」とは、たとえば一方を助ければ一方を見殺しにしてしまうことになるなど、どちらを選んでもつらい状況で、あえておこなう選択のことです。不本意な状況や心境にあることを、「苦渋に満ちた状態」「苦渋に満ちた思い」といったりします。

これに対して「苦汁」は、苦い汁です。豆腐をつくるのに使う「にがり」（主成分は塩化マグネシウム）のことを、苦汁と書く場合もあります。

つらい体験を味わわされることを、比喩《ひゆ》的に「苦汁を嘗《な》める」「苦汁を飲まされる」といったりします。「汁」だから舐《な》めたり飲んだりすることができるのであって、この言い回しの場合に

最近疲れてませんか？
そんなときにはこの青汁!!
ジャーン!
フツーに苦い汁と
苦くて渋い汁の2種類の味を選べます
苦汁の選択…
今から1時間!
ヤ!!

「苦渋」と書いたら間違いになります。

男は、何度も「苦渋の選択」をして渋い男になるが、「苦汁を嘗めた」だけでは必ずしも渋い男になれないと覚えておいたらいいでしょう。

誤《あやま》ち ……→ 過《あやま》ち

【間違い、失敗、罪】

≫「誤」は正せる間違い、「過」はやり直せない間違い

「間違ったことをする」の意味で「あやまる」というときは「誤る」と書きますが、これと語感が似た「あやまち」は「過ち」と書きます。「誤」と「過」、どんなふうに違うのでしょう。

ややこしいことに、この二つの字をくっつけて「過誤《かご》」という語句もあります。あやまち、やり損じのことで、手術や投薬のミスなどを「医療過誤」といったりします。

「誤」という字は道理から外れたこと、正しくないことを意味します。「正誤」とは、漢文訓読すると「誤りを正す」となります。

一方、「過」は人としてのおこないが間違っていることをいいます。人の「過ち」というものは、くり返さないようにすることはできても訂正することができません。

「医療過誤」とは、正しくない医療行為をおこなって、その結果、患者さんが大変な状態になってもはやどうしようもない結果になってしまうことを意味するのです。

若冠《じゃっかん》 ……→ 弱冠《じゃっかん》

【歳が若いこと】

たとえばオリンピックなどのスポーツイベントで、まだまだ年若い選手が活躍すると、「弱冠十八歳で金メダル達成！」などといったりします。

≫もともとは二十歳ジャストを指していた

「弱」の字ではなく「若」の字だと思ってしまう人がいてもおかしくないでしょう。

「弱冠」という語句は、儒教《じゅきょう》の古典となっている『礼記《らいき》』の「二十を弱冠と曰《のたま》う」が典故《てんこ》です。

男子の二十歳を「弱」といい、元服《げんぷく》の儀式（成人式）をおこなって頭に冠《かんむり》をかぶせることをいいます。ですから、もともとは二十歳ちょうどのことを指しましたが、そこから若い人全般を指すようになりました。

ではなぜ、「弱」の字が使われるのでしょうか。弱いとは文字どおり力が乏《とぼ》しいことですが、もともとは、やわらかい、なよなよしているという意味がありました。樹木の若葉や昆虫の幼虫などのように、まだ柔軟な状態ということです。

ちなみに、「弱い」と直接の関係はありませんが、年齢のことを「よわい」という場合もあります。「齢を重ねる」と書けば「よわいをかさねる」と読みます。

≫「弱冠」＝年齢、「若干」＝数や量

さて、「弱冠」という語句を、ついつい「若冠」だと間違えてしまう理由のひとつは、同じ発音の「若干《じゃっかん》」という語句とまぎらわしいからにほかなりません。

「若干」のほうは、正確な数は不明だが少しばかり、という意味です。「台風の影響でダイヤに若干の遅れが出た」といった言い方をします。「若」という字は「ごとく／ごとし」と読み、「干」は分解すれば「一」と「十」になります。そこで、「一のごとく十のごとし（一のようだが十のようでもある）」ということを示していました。

「弱冠」ならば人の年齢、「若干」ならば人数や物の量だと覚えておけば、間違えることはないでしょう。なお、当然ながら「弱干」という語句はありませんから、決してこのような書き方は

しないようにしてください。

発掘《はっくつ》

……> 発掘《はっくつ》

【ものを掘り出すこと】

≫手でおこなう作業だから「掘」

「発掘」といえば、地面の中から遺跡などを発見することを思い浮かべてしまいます。だから「土へん」がつく「堀」の字だと思ってしまいがちです。

「発掘」の「掘」は、「手へん（扌）」がつくように、人が手で掘る行為そのものを指します。人材を「発掘」するなど、必ずしも地中を掘るとは限らない場合にも使われます。

「採掘《さいくつ》」や「掘削《くっさく》」という場合も、「手へん」の「掘」の字で書きます。いずれも、手でおこなう作業は、「手へん」の「掘」だと覚えておけば間違いありません。

「堀」で書くほうは、「土」のある場所だけを表します。「堀切」、お城の「堀」などです。

絶対絶命

……> 絶体絶命

【逃れようがない危機のこと】

≫もともとは凶の星を示す占いの用語

「絶対」という言葉は、日常生活でもよく使われますが、「絶体」のほうは「絶体絶命」という四字熟語以外では、ほとんど目にする機会はありません。

じつは「絶体」も「絶命」も、占星《せんせい》術の一種である九星《きゅうせい》術の専門用語だったのです。陰陽道《おんようどう》で九星とは、一白《いっぱく》、二黒《じこく》、三碧《さんぺき》、四緑《しろく》、五黄《ごおう》、六白《ろっぱく》、七赤《しちせき》、八白《はっぱく》、九紫《きゅうし》、の九つをいい、これに五《ご》行《ぎょう》と方位を配し、この星々の運行のめぐり合わせで人の吉凶などを占います。

「絶体」も「絶命」も、この九星術で、とりわけ悪い運勢を示す「凶星」のことをいいます。

「絶命」のほうは、漢文訓読でも「命を絶つ」ですから、命を失うという意味で使われます。ですから、「絶対に絶命する」という意味で言葉としては意味が通るようにも思われます。

ただ、これは占いの専門用語に由来するので、「絶体絶命」が正解だと覚えておくしかありません。

「絶体」＝本体が絶えること

「絶体絶命」とは、字義どおりに意味を読めば「体が絶える、命も絶える」ということになるでしょう。

道教《どうきょう》や儒教《じゅきょう》などの中国哲学の世界観では、「体」は「用」と対応するものという考え方があります。ここでいう「体」とは、単純な人間の身体のこととは限りません、「体」とはものごとの本体や主体、「用」とはその作用や働きのことです。

一九世紀の中期に清《しん》がアヘン戦争でイギリスに大敗したのち、清では西洋列強の急激なアジア進出に対応するため、国内の改革派によって「中体西用《ちゅうたいせいよう》」というスローガンが唱えられました。中華を「本体」としつつ、西洋の技術などを「作用」として利用するということです。さらにいえば、清の帝室《ていしつ》や伝統的な制度は守りつつ、西洋文明の進んだテクノロジーを取り入れるという意味です。

ちなみに日本でも明治維新後には、ほぼ同じ意味で「和魂洋才《わこんようさい》」という言葉が使われました。

絶体絶命の「体」は、この「本体」の部分を意味します。「体《からだ》が絶える」のではなく「本体が絶える」とするならば、やはりそれは「命を絶やす」ことにもなってしまいます。

猶余《ゆうよ》

→ 猶予《ゆうよ》

【もたついていること、時間を引き延ばすこと】

「猶予はない」と「余裕はない」の違い

「猶予」とは、ためらったり、ぐずぐずとその場にとどまることです。また、「猶予を与える」といえば、時間的な期限を延ばす、モラトリアムのことです。

「猶」は、一文字では「尚」とほぼ同義に使われ、「なお」と読まれます。「病状はなおも回復せず」といえば、以前からひきつづき病気がよくならないという意味です。「なおさら（猶更／尚更）」という場合は、「ますます」という意味になります。

　また「猶予」の「予」は、「あらかじめ」「前々から」「前もって」という意味の漢字です。「予《よ》兆《ちょう》」「予告」「予言」「予想」「予測」などの語句に使われます。

　猶予の「予」を「余」と間違えやすいのは、「余裕」という言葉があるからでしょう。

「余裕はない」といえば、物の量や精神的なゆとりがないという意味にもなりますが、「猶予はない」ならば時間的な意味を指します。

「あなたに精神的な余裕がなければ、夏の休暇の終わりは猶予なくやってくるに違いありません」

余《よ》断《だん》 ……→ 予断

【前もって判断すること】

》「予」と「余」ではだいぶ意味が違う

「予断を許さない」は、「予測不可能」とか「この後、事態がどんなふうになるかわからない」という意味で使われる言葉です。

「予」の字は「あらかじめ」と読まれ、「予告」「予言」「予測」といった語句があります。「予《あらかじ》め断じる」とは、「前もって『こうなる！』と判断すること」です。それが「許されない」というのですから「予断を許さない」は「予測不可能」となるのです。

この「予」を「余」の字とつい間違えてしまう人がいるのは、「余談」という語句があるからでしょう。「余談」は、本筋を離れた話、つまり「余計な談」のことです。

　また、「余儀《よぎ》」という語句があります。これは「ほかの方法」を意味し、「余儀なくされる」といえば、「ほかに手立てがない」「やむを得ない」という意味になります。また「予議《よぎ》」という「あらかじめ相談すること」を意味する言葉もあります。

　「あらかじめ」を意味する「予」と「あまり」を意味する「余」では、やっぱりだいぶ違いますね。

頭をかしげる

→ 首をかしげる

【疑問に思うこと、そのときの姿勢】

≫かしげるのは「首」、ひねるのは「頭」

「かしげる」とは「傾ける」ということですね。「首をかしげる」というのは、人が何かを疑問に思ったり、わからないことに直面したときなどのポーズです。

　この語句は、「小首をかしげる」という言い方をすることが一般的でした。「小首」とは頭のちょっとした動作のことをいいます。室町時代に成立した『御伽草子《おとぎぞうし》』には、「こくひうちかたぶけてききゐたり（小首を傾けて聞いている）」という表現があります。

また、「かしげる」という場合は、たいてい横に傾けることをいいます。首を前に傾ければ「うなずく」ことになりますが、これは「はい」という場合の同意の動作ですね。

「首をかしげる」をうっかり「頭をかしげる」と間違えてしまうのは、「頭をひねる」という語句と混同しやすいからでしょう。こちらは何かを疑問に思う場合にも使われますが、「知恵をひねる」という言い方と同じように使われることもあります。

「首をかしげる」と同じ趣旨で「首をひねる」という言い方をすることもありますが、人の首をひねって殺すというイメージにも読みとれてしまいますね。

「首を取る」の首はどこ？

さて、「首」という字は、頭と胴体《どうたい》のあいだの部分のみを指す場合と、頭の部分まで全部を指す場合がありますね。前者は「頸《くび》」と書かれることもあります。

中国大陸では古来、後者の意味で使われることが一般的でした。漢文の古典で「首」という字句が出てくるときは、ほぼこの用法です。

わが国でも近代以前、武士などの支配階級は漢文の古典が基礎教養だったので、首という語句は頭全体を指す意味で使われました。戦乱で敵を討ち取って頭部を切り取ることを、「首を取る」といったりするのはこのためです。

逆にいえば「頭全体」という意味ではなく、頭と胴体のあいだの部分のみをさす意図で首という語を使うのは、庶民《しょみん》の言葉づかいだったわけです。

一同に会する

……> 一堂に会する

【同じ場所に集まること】

》「ひとつの場所」に集まること

「一同」といえば、学校で生徒の親御さんをまとめて「保護者一同」といったり、何かのイベントで「参加者一同」といったり、その場にいる人々全員のことをいいます。

明治の頃までは、「一同」とは、みんなで心をひとつにすることをいう場合もありました。この意味で考えると、「一同に会する」は、みんなで意見が一致するということになりそうです。

これに対して「一堂」は、あるひとつの建物、とくに宗教的な施設をいいます。いまではお堂といえばお寺の建物を指しますが、古くは政治と宗教的な儀式が一体だったので、朝廷のことも

今回
諸君らに集まってもらったのは他でもない
今晩飲みにいかない?
他にあるだろ――!!

指していました。「堂」は、近代以降になると「公会堂」や「議事堂」のように、人の集まる施設全般を指す言葉として使われるようになっていきます。

でも「堂」と書くと、「お堂」のような、なんか古くさい感じがするのでしょう。いつのまにか同音の「一同」と間違われるようになってしまいました。

「一堂に会する」は、「ひとつの場所に集まること」と覚えておくといいですね。

脅迫《きょうはく》観念

→ 強迫観念

【考えまいとしても頭にうかんでしまう観念】

刑法・民法・心理学で使われ方が違う語句

「脅迫」とは、相手をおどして何かを命じることです。刑法では「他人に恐怖心を生じさせる目的で害を加えることを通告すること」とされますが、民法では同じ意味で「強迫」という語句が使われます。「強迫」のほうも相手に何かを無理に強いることです。

法律用語としては刑法と民法で使い分けされていますが、一般的な文章として、暴力的に人を従わせるという意味ならば、「脅迫」と「強迫」のいずれでも文意は通ります。

一方、「強迫観念」ならば、法律用語ではなく心理学用語です。自分でも「こんなことをいくら考えたって仕方ない」と思っていても、そのことがどうしても頭から離れないという精神状態です。こちらは、人から脅《おど》されて何かを強《し》いられるというわけではなく、くり返し強く迫ってくる観念ということでしょう。

この強迫観念をおもな症状とし、不安や不眠などの状態におちいる神経症を「強迫神経症」といいます。

意《い》気《き》が合う

……→ 息が合う

【ものごとをおこなう調子や気分がぴったり合う】

≫ 現代では呼吸とは別の意味になっている「意気」

「息が合う」とは、たとえば餅つきをするときのように、二人以上の人が呼吸のリズムを合わせて動作する、そのタイミングがぴったり合っているということをいいます。

これを「意気」と間違えてしまうのは、よく似た言葉で「意気投合」という言葉があるからでしょう。こちらも、お互いの心と心がぴったり一致することを意味します。

「投合」とは、「二つのものが一つに合うこと」を意味しますが、「投げ合う」という意味に使われることもあります。そこから転じて、人と人のあいだでの言葉のキャッチボール、気持ちのキャッチボールといった意味としても使われます。

「意気」とは、本来、「積極的な気持ち」「気構え」「気立て」といった意味の言葉です。懸命に何かをしようとする気持ちを「意気込み」とか「心意気」といったりします。

「息」「意気」「粋」の区別があいまいだった時代

さて、江戸時代の中期、「粋《いき》」という言葉がさかんに使われるようになります。「粋」は「意気」とはほぼ同義で、気風《きふう》、容姿、身なりなどがさっぱりしたもの、あるいは人情や世情に通じていることをいいます。

背伸びしていかにも粋であるかのように振る舞うことを「粋がる」または「意気がる」といい、年齢や実力と不相応に意気がった言動をすると「生意気」といったりします。

昔は「息が合う」なのか「意気が合う」なのかの区別があいまいだったようで、樋口一葉《ひぐちいちよう》は『花ごもり』(一八九四年)で、「お近はもともとお辰とは意気の合ふといふ中にも非《あ》らず」と書いています。

大正時代に入ると、詩人の薄田泣菫《すすきだきゅうきん》の『茶話《ちゃばなし》』（一九一八年）では、「俳優達《やくしゃ》の互の呼吸が合ふといふ事が何よりも大事である」という文章があり、「呼吸」のところに「いき」と振り仮名が振ってあります。

このように見てくると、「意気が合う」でも「息が合う」でもどちらでもいいようですが、白黒つけたい現代では、「息」のほうを書くことを正解とすることが多いようです。

豪《ごう》の者

→ 剛の者

【武勇にすぐれた者、何かの分野に強い人】

≫力が強いのは「りっとう」の「剛」

同じ「ごう」でも「豪」は、すぐれている、勢いがある、並外れている、といった意味です。この字を使う語句では「豪華」「豪族」「豪傑《ごうけつ》」「豪雨」などがあります。

一方、「剛」は力が強いこと、勇ましいことを意味します。「剛球」「剛腕《ごうわん》」「剛毛」などの語句に使われ、「豪」よりも物理的に強い感じがします。

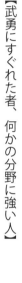

「剛の者」という語句は、鎌倉時代から用例が見られ、当時は「剛」を濁《にご》らずに「かうのもの」と読みました。武勇にすぐれた者や勇敢な者、つわもの（強者）のことを指します。単に勢いがある大物ではなく、実際に戦闘で強さを発揮する者をいう言葉だったのです。

ただ、ほかの語句では「豪」と「剛」を同じように使う事例も少なくありません。気が強くてものごとに動じないことを「豪気《ごうき》」といいますが、これは「剛気」とも書かれます。ほぼ同じ意味で「豪毅《ごうき》」という語句もあり、こちらも「剛毅」と書かれることがあります。

どちらを書いてもいいと思うと、かえって迷ってしまうかもしれません。力が強いというときは「りっとう（刂）」の「剛」と覚えておくといいでしょう。

晴天《せいてん》の霹靂《へきれき》

……→ 青天《せいてん》の霹靂

【突然の意外な出来事】

» 夜でも「青天の霹靂」はある！

「霹靂」、難しい漢字ですね！　突然に起きる雷鳴をいう言葉です。

「青天の霹靂」とは、中国、南宋《なんそう》の詩人・陸游《りくゆう》の文章に出てくる語で、青空にいきなり雷鳴が轟《とどろ》いたという意味で使われ、ここから転じて、驚きの場面を指すようになりました。

さて、問題は「晴天」か「青天」かということになるでしょう。原文にはもちろん「青天」と書かれています。すでに触れましたが、「源」と「原」の字が同じく、何かの「もと」という意味で使われるように（79ページ）、漢字には左側のへんの部分を省略しても、それほど意味が変わらない場合が少なくありません。

あえて違いをいえば、晴天は太陽が出ている昼間の空、青天は太陽が見えなくなった時間も含めて雲がない晴れた空を意味します。

現代の日本語では「晴天の霹靂」と書くことがだんだん多くなったようですが、霹靂は夜にも起こるとすれば「青天」と書いたほうが正しいともいえるでしょう。

ちなみに、台湾《たいわん》（中華民国）の旗は「青天白日旗《せいてんはくじつき》」といいます。

尊族《そんぞく》

→ 尊属

【血縁関係で上の世代、父母や祖父母など】

「尊属」は、古く奈良時代の八世紀までさかのぼることができる言葉です。現代でも民法での遺産相続の文書などでよく使われます。親族関係で、基準となる人物よりも上の世代のことをいう語句です。両親や祖父母、曾《そう》祖父、曾祖母などならば直系尊属、おじやおばなら傍系《ぼうけい》尊属となります。

親殺しが特に重罪だった時代

反対に、基準となる人物より下の世代を指す語句が「卑属《ひぞく》」です。子どもや孫ならば直系卑属、甥《おい》や姪《めい》、いとこの子などなら傍系卑属ということになります。

日本では、古来、目上の親族はとにかく敬《うやま》わなければならないという意識が強かったので、刑法でも子どもによる親殺しのような「尊属殺《そんぞくさつ》」は、通常の殺人罪より重罪とされました。

しかし、逆に親が子どもに過剰な虐待《ぎゃくたい》をおこなって殺してしまっても、そちらは通常の殺人罪より重罪とはならず、尊属と卑属が非対称で不平等な法制度でした。このため、一九七三年には最高裁で尊属殺の重罰規定は憲法に反すると判断され、現在は廃止されています。

区別があいまいな場合もある「属」と「族」

「尊属」と「卑属」という語句は、親族関係にまつわるものなので、一見して「属」ではなく「族」のほうがいかにも正しいように思われます。

「族」は、同じ血統に属する人々、一家、一門、あるいは仲間、郎党《ろうとう》を意味します。これに対し、「属」は、仲間であること、一員であること、付き従うことなどを意味します。

「属」のほうには「従属」や「付属」といった語句があり、動詞として「属する」という言い方もしますが、「族する」とはいいません。

つまり、尊属、卑属とは、同じ一族の中でどのような上下関係に属しているか、ということを意味するものなのです。

もっとも、昔の日本語では「属」と「族」の区別があいまいな場合もありました。血のつながりがある者、あるいは主従関係にある郎党、仏教用語で仏に付き従う者などを指す「眷族《けんぞく》」という語句がありますが、これは「眷属」と書かれることもあります。

法学を志《こころざ》す人は、漢字それぞれがもつ意味を知って使うことが要求されます。大変な仕事だとつくづく思うのです。

淡白《たんぱく》

→ 淡泊《たんぱく》

【あっさりしていること】

蛋白質のイメージに引っ張られて

「淡泊」とは、たとえば食べ物の味や衣服の柄などがあっさりしているという意味で使われたり、また「淡泊な人物」といえば、無欲でガツガツしたところがない性格という意味で使われたりします。「淡泊」は、「淡白」と書いてもけっして誤りではありませんが、「淡泊」と書くほうが正しいとされます。

「泊」の字は、船が港に停泊したり、人が宿に泊まることを指す言葉として使われることが多くなってしまいましたが、もともと「あっさりしている」という意味もあります。それは、「泊」には「水のように透明な」という意味があるからです。「水のよう」であれば、あっさりしていることもよくわかります。

ところで、「泊」ではなく「白」の字だと思ってしまう理由のひとつは、「蛋白質《たんぱくしつ》」と混同しやすいからでしょう。また、読みは同じで「淡薄」と書かれることもあります。「淡く薄い」と、「あっさり」している感じがさらにしそうです。

「淡白」か「淡薄」かといろいろ悩まず、「淡泊」と書きましょう！

平行感覚

……→ 平衡《へいこう》感覚

【空間における身体のバランス感覚】

≫行動にバランス感覚があること

「平行」とは、線路のように二つのものが交差することなくずっと並んでいる状態をいいます。これに対して「平衡」は、天秤《てんびん》がつり合うようにバランスがとれていることです。

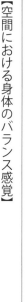

「平衡感覚」とは、身体が重力の働く方向に対する位置や姿勢を正しく把握《はあく》する感覚のことで、これをつかさどっているのが三半規《さんはんき》管《かん》です。平衡感覚が狂うと上下左右が正しく把握できなくなり、まっすぐ歩けなくなったり、船酔いのような状態になります。

ここから転じて、綱渡りをするように、危ない事態をたくみに乗り切ったり、行動にバランス感覚があることを「平衡感覚がある」というのです。

平衡・均衡、並行・併行、区別できる?

平衡の「衡」の字は、もともと天秤のはかりを意味する漢字でした。二つのものがつり合っていることを「均衡《きんこう》」といいます。

ちなみに、平安時代の後期に東北地方で権勢《けんせい》を誇った奥州藤原氏《おうしゅうふじわらし》では、藤原清衡《きよひら》、基衡《もとひら》、秀衡《ひでひら》、泰衡《やすひら》と、歴代の当主の名前に「衡」の字が使われています。

この字は「行」という字の真ん中に「角」と「大」が入ったもので、「行」と同じく「こう」という音をもっています。「衡」とはもともと、牛が人にぶつかって角《つの》で危害を加えないように、牛の左右の角に渡したガード用の横棒のことを示していました。そこから転じて、横向きにおいて使う天秤のはかりのさおを意味するようになったのです。

ちなみに、「衝撃」の「衝」は、「衡」の字とよく間違えられますが、こちらは真ん中に「重」という漢字が書かれます。

また「平行」と同じ読み方で「並行」と書かれる言葉があります。こちらは並んで進むこと、また大きな会場で二つのイベントを同時に開催するように、二つのことが一緒におこなわれることを意味します。これは「併行」と書かれることもあります。

「へー! こーして覚えると、覚えやすい!」といってもらえるとありがたいのですが、漢字には閉口《へいこう》するといわれたら、困ってしまいます。

泥《どろ》試合

→泥仕《どろじ》合《あい》、泥為《どろじ》合《あい》

【泥にまみれた争い、みにくい争い】

「為合」から「仕合」「試合」へ

「泥仕合」は、現在では、お互いの欠点を指摘し合って、ひたすら醜《みにく》い言い合いをすることをいうようです。

もともとこの語句は、歌舞伎《かぶき》で「泥にまみれた立ち回り」のことをいいました。江戸時代の歌舞伎では、実際に舞台に泥田《どろた》をつくって、迫真の戦闘シーンを演じていたそうです。このときは「泥為合」と書いたそうで、これが最も古く、最も正しい書き方とされています。

「泥試合」と書くのは、スポーツの「試合」をして勝敗を決めることではありませんから、やっぱり意味として合いません。ただ「仕合」と「試合」の語句の区別はあいまいです。「試合」という表現は、もっぱら江戸時代後期から使われるようになりましたが、「仕合」とも書かれまし

残念ながら愛人のあなたに遺産相続の権利はないわよ
私になくてもお腹の中の子にはあるわ
DNA検査ね
じりじりじりじり
のぞむところよ…!!
チャーラー♪
ワクワクするわー
ドラマ
女のサスペンス
金がないのも平和でいいもんだな…

た。

「仕合わせ」と書いて「しあわせ」と読み、運命のめぐり合わせを指す表現もあり、この語句は読みが同じ「幸せ」と同じ意味に使われることもあります。

当て字をするのは、日本語ならではのおもしろい漢字の使い方ですが、ちょっと意味を考えてみるのも頭の体操になっていいかもしれません。

二十台

……＞二十代

【二十～二十九歳までの年齢】

≫人は代替わりするので「代」を使う

数値を指す表現で、たとえば、世論調査での政権の支持率が四五パーセントならば、「支持率は四〇パーセント台」といったりします。この場合の「～台」という数値の言い表し方は、人間の年齢や年数以外のものを対象として使われることが一般的です。

「台」という字は、物を置く場所の意味で使われますが、物理的に積み重なっていくことと思えば間違いありません。数値が大きくなると「七〇パーセントの大台に乗った」といったりします。

一方、人間の年齢や年を重ねるものの場合は、「時代」「世代」「年代」「初代、二代目、三代目」といった語句のように「代」という字のほうが使われます。

なお、「二十代」ではなく「二十歳代」と書かれる場合もあります。これは年齢が「層」のような状態になっていると考えれば「二十歳台」と書くほうが正しいと考えられます。ただ、総務省統計局の人口データでは、「歳代」と「歳台」が混在して使われています。

何が正しくて、何が正しくないのか、判断できない漢字も少なくありません。

卒先《そっせん》

→ 率先《そっせん》

【先に立っておこなうこと】

≫「率」＝ものごとの先、「卒」＝ものごとの終わり

「卒」と「率」は、文字の形もよく似ています。「卒」のほうはものごとの終わりを意味します。「卒業」という言葉があります。「率」の字は、「率《ひき》いる、従《したが》える」という意味の漢字です。「引率」「統率」という熟語があります。

「率先」という場合は「先に率《したが》って」という意味ですから「率」の字を使います。「卒」は「卒業」の「卒」で「ものごとの終わり」なので「卒先」では、「先に終える」となってしまいます。

ちなみに、「率」には「あるがままに」という意味もあります。「率直」とは、「あるがまま、そのままに」「素直に」「ストレートに」、ということを意味します。

さらに、「率」の字には、ものごとの割合、度合いといった意味もあります。この用法では、「確率」「比率」「効率」「倍率」といった語句があります。

この「確率」を「確立」と間違う場合もあるかもしれません。「確率」は可能性が何パーセントあるかといった意味ですが、「確立」であれば、ものごとや立場、計画などをはっきりと定める、確固たるものとして打ち立てるという意味になってしまいます。

漢字は本当におもしろいですね。漢字の読み方連想クイズをしていくと、頭の体操にもなります。

~~端《たん》初《しょ》~~ → 端緒《たんしょ》

【ものごとの始まり、きっかけ】

ものごとの発端には「緒」を使う

「初」の字と「緒」の字は、いずれも、ものごとの「はじめ」という意味があります。「初」は、左側が衣を意味する「ころもへん（ネ）」で、右側には「刀」がついています。これはもともと、布を裁ち切った端の部分を意味します。

これに対して「緒」は、左側が「糸へん」で、糸の先端の部分を示しています。この字は下駄《げた》の「鼻緒《はなお》」という語に使われるように、ひも状のものも意味します。また、「情緒《じょうちょ》」という語句のように、あることから引き起こされる思いを示す場合もあります。

それでは「初」と「緒」は、どのような違いがあるのでしょう。

「初」は「初期」「初回」「初見」など、時間的な意味での最初のものを示す語として使われることが多分にあります。夏のはじめなら「初夏」、老いにさしかかったばかりの年代なら「初老」

といったりします。

これに対して「緒」は、この「端緒」という語句のほかに、「由緒《ゆいしょ》」という語句にも使われ、また前書きや序文を「緒言《しょげん》」といったり、ものごとの発端《ほったん》を意味する用法が多いのです。

このように見ると、何かのきっかけ、糸口を意味する「端緒」は、時間的なものとはまったく関係のない言葉なので「初」の字ではなく「緒」の字で書かれるのです。

「しょ」とも「ちょ」とも読むのがやっかい

この語句を「端緒」ではなく「端初」と間違えてしまう理由は、「初」と「緒」の漢字の意味がよく似ている点に加えて、「緒」の字の発音の問題もあると思います。

緒の字は、漢音ならば「しょ」、呉音ならば「じょ」と発音します。「ちょ」は慣用読みです。同じ漢字なのに、「由緒」という熟語なら「ゆいしょ」、「情緒」という熟語なら「じょうちょ」と読みます。もし「端緒」という熟語が「たんしょ」ではなく「たんちょ」と読むことが一般的ならば、「初」の字と混同されることはなかったのではないでしょうか。

実際、現在では、慣用的な読み方としては「たんちょ」と発音されることも少なくありません。漢字変換ソフトによっては、「たんちょ」と入力しても「端緒」と変換してくれます。

子どもの頃、漢字ノートに一〇〇回も二〇〇回も同じ漢字を書かされたという嫌な思い出をもっている人も少なくありません。それで漢字が嫌いになった人も多いのではないでしょうか。もっと合理的に、おもしろおかしく先生が漢字を教えてくれていたら、漢字が好きになる人ももっと多かったに違いありません。漢字を楽しみながら教えられるような仕組みを、ぜひつくりたいと思います。

紋切り形

……＞紋切り型

【型どおりで新味がないこと】

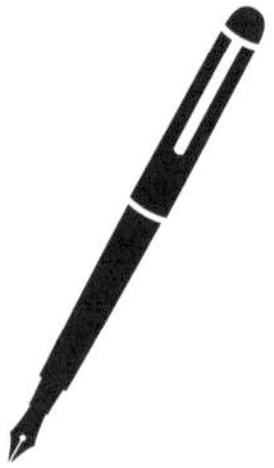

「型」＝決まった動き・形、「形」＝抽象的なもの

紋切り型とは、もともと家紋などの模様を紙でつくった型、そのものをいいました。型があって、それに上から絵の具を塗れば、簡単に同じ模様を描くことができます。そこから「やり方が紋切り型だな」といえば、ワンパターンという意味で使われるようになりました。同じ意味の言葉に「判で押したような」というものがあります。

「形」と「型」とは、どのような違いがあるのでしょう。

かっちりと具体的に形状が決められたものの場合は、「型」を使います。たとえば「金型」「鋳《い》型《がた》」「型式」「模型」などがあります。また能・狂言、歌舞伎などの舞《まい》で、むかしからの伝統的な決まりきった動きなどを「型」といったりもします。

　これに対して「形」のほうは、「円形」「三角形」のように物理的な形状を意味するほか、「形式」「原形」「形容」のように抽象的なものを表す場合に使います。「形」と書いて「なり」と読み、人のありようを意味する場合もあります。

「型」を習うのはとても大切です。しかし、「型」を身につけたら型を破って、自分なりの「形」をつくるようにしないといけませんね。

野《の》方《ほう》途《ず》

……＞野《の》方図《ほうず》、野《の》放図《ほうず》、野《の》放途《ほうず》

【勝手にふるまうこと、際限がないこと】

≫「方図」とはものごとの際限のこと

「あの人は野方図だ」といえば、態度が傍若無人《ぼうじゃくぶじん》であるとか、いいかげんでしまりがないということです。

「野」の字は広い荒れ地や自然のままの荒々しいものを指し、「方図《ほうず》」という語句は、ものごとの限度、際限という意味で使われます。

「野方図」とは、ものごとの限度を野に放っているということなのです。

江戸時代後期の『浮世風呂』という滑稽本《こっけいぼん》には「野方図な奴等《やつら》」という表現が見られます。大正時代の末期に川端康成《かわばたやすなり》が書いた『油』には「野放図」と書かれています。

現在では「野方図」と「野放図」のどちらでも誤りではないということになっています。

》「野放途」はアリでも「野方途」は使われない

また「野放途」と書かれることもあります。この場合の「途」は、「一途《いちず》」や「三途《さんず》の川」という語句と同じように「ず」と読みます。

「途」の字には、「ものごとの道筋」「方法」「手段」といった意味があります。ですから、「野放途」であれば、道を野に放っているということになります。

「野方図」と「野放図」が両方使われるのなら、「野放途」と同じように「野方途」と書いてもいいように思えます。しかし、調べてみたところ、この四種類の表記で「野方途」だけは使われた例が見当たりません。

「方途《ほうと》」という語句は、進むべき道、物事を実現したり、解決するための方法を指します。

上下をひっくり返した「途方《とほう》」も、手立て、手段、ものごとの筋道を意味します。「途方に暮れる」といえば、手段が尽きてどうしようもない状態です。

方途を荒々しく野のままにしているという意味で「野方途」と書いても通りそうですが、その場合は「のほうず」ではなく「のほうと」と読むことになりそうです。

第5章

似ているだけにひっかかる「トラップ語」

濡《ぬ》れ手で泡《あわ》

→ 濡れ手で粟《あわ》

【簡単に利益を得ること】

「粟」は「栗」ではありません

「粟」というものを知らない人も少なくないのではないでしょうか。

「粟」はイネ科の穀物《こくもつ》の一種で、米よりも粒は小さくて黄色く、餅《もち》や団子《だんご》に加工されたり酒の材料にされたり、古代から庶民《しょみん》の常食にされてきたものです。

戦後、農業が発達して米の生産量が飛躍的に増大すると、粟はほとんど流通しなくなり、いまではたまに健康食志向の人がご飯に混ぜて食べている程度です。

この粟は粒が小さくて粉っぽいので、濡れた手でさわると簡単に大量に手にくっつきます。そこから転じて、苦労せずに利益をつかむことを指すようになったのです。

しかし、濡れた手を思うと、ついつい洗面所で手を洗う際の石鹸《せっけん》の「泡」を思い出してしまいます。

「粟」と「栗《くり》」は似ているけれど違います。「粟」は穀物なので下の部分が「米」、栗のほうは樹木になるものですから下の部分が「木」です。

耳《みみ》触《ざわ》りな話 ……→ 耳障《みみざわ》りな話

【聞いていて不快な話】

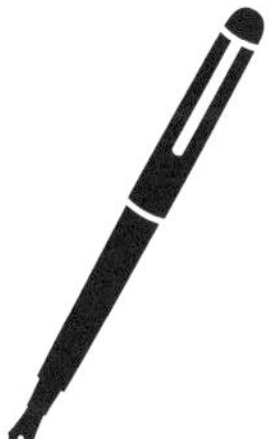

よくない意味で使うのなら「障」

同じ「さわる」でも、「触る」と「障る」では意味が異なります。「触」の字ならば、直接的に物体にふれることです。「感触」「接触」「触覚」などの語句があります。

また、時代劇などで役人が民衆に発する「おふれ」は「お触れ」と書かれました。これは、決められたことに抵触《ていしょく》してはいけない、つまり「法律に触れる」ようなことをしては罰《ばっ》せられるぞ！　ということを表したものです。

これに対して「障」は、さしさわりがある、さしつかえる、引っかかる、気にさわる、邪魔《じゃま》をする、といった意味で使われる漢字です。「障」を使った熟語には、「障害」「支障」などがあります。

さて、「耳ざわりな話を聞いた」といえば、不快な話を聞いたという意味です。「耳ざわり」は、法律に触れるようなことではありませんから、「触」ではなく「障」で書かれるべきものなのです。同じように「目ざわり」という場合も、「目障り」と書くことが正解です。

ただ、「肌ざわり」「手ざわり」ならば、「触」の字のほうが適切です。それは、皮膚《ひふ》でふれた感触のことを指しますし、「耳障り」のようにネガティブな表現とは限らず、「肌ざわりがよい」「肌ざわりが悪い」という両方の言い方をされる場合もありますから。

うっかり間違えやすい「障害」と「傷害」

ついでに「障害」の同音異義語「傷害《しょうがい》」についても触れておきましょう。

「障害」は、さまたげになるもの、あるいは身体が不自由であることをいいます。「電波障害」「摂食《せっしょく》障害」などという言葉もあります。

かつて「障害」は、「障礙」または「障碍」と書かれていました。「礙」の字も「碍」の字も、さまたげることを意味します。ただ、戦後は「碍」も「礙」も当用漢字から外されてしまったので「害」の字で代用し、現在にいたっています。

「傷害」は、「人を傷つけること」をいいます。これは「障害」とは異なります。刑法での「傷害罪」や「傷害事件」という場合はこちらです。間違えて使わないようにしましょう。

一《いち》抹《まつ》の望み

……→ 一縷《いちる》の望み

【わずかな望みのこと】

≫希望をもたらすのは粉ではなく糸

心にわずかな不安がよぎることを、よく「一抹の不安」といいます。その反対の意味で「一抹の希望」「一抹の望み」という言い方もあるのかと思いそうですが、希望や望みの場合であれば「一抹」ではなく、「一縷」が正解です。

「抹」とは、手で砕《くだ》いたりすり潰したりして粉にすることです、「抹茶《まっちゃ》」や「抹香《まっこう》」という語句がその例です。さらに、「抹」には「手へん（扌）」がついていることからもわかるように、手でこすったり塗りつぶして消してしまうという意味もあります、「抹消《まっしょう》」や「抹殺《まっさつ》」はそこから来た語句です。

一方、「縷」は「糸へん」がついているとおり、ものごとが途切れずに細々とつづいていることを示します。芥川龍之介《あくたがわりゅうのすけ》の短編『蜘蛛《くも》の糸』では、地獄《じごく》にいる者たちの上にお釈迦《しゃか》様が細い蜘蛛の糸を垂らし、みんながその糸につかまろうとします。「一縷の望み」とは、まさにこの蜘蛛の糸のようなイメージだといえるでしょう。

天《てん》主《しゅ》閣《かく》

……→ 天守《てんしゅ》閣

【日本の城で本丸にある高い櫓《やぐら》】

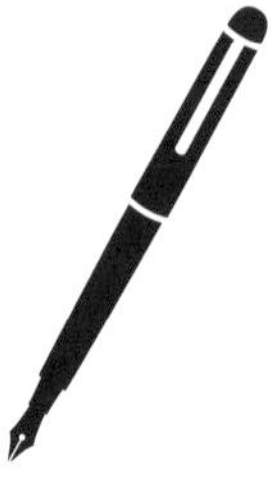

≫天主＝キリスト教の神の意味

江戸城や大坂城などにあった「天守閣」は、景色を眺《なが》めて楽しむための展望台ではなく、籠城《ろうじょう》戦になったときに立てこもる場所でした。たんに「天守」、または「天主」と書かれる場合もありますが、「天主」という語句はキリスト教の神を指す意味でも使われます。守備のための楼閣《ろうかく》という意味からすれば、「守」の字が正確でしょう。

ただ、『信長公記《しんちょうこうき》』は、織田《おだ》信長《のぶなが》が築いた安土《あづち》城について、「天守」ではなく「天主」と書かれています。これは、信長がキリスト教の影響を受けていたからともいわれます。

わが国では、キリスト教のことを「天主教」と呼び、教会建築を「天主堂」といいました。た

ワシ信長！
これワシの城、安土城！！
ちょーカッコイイ！！
他の城は「天守閣」だけど
フォフォフォ…
ワシんとこだけは「天主閣」なのだ
なぜならワシが
わははは
ははは
オンリーワンの存在だからだ！！
あー
ついにナンバーワンにはなれませんでしたもんね…
あのホトトギス殺してしまええ——

とえば九州の長崎には、世界遺産にも登録されている有名な大浦《おおうら》天主堂があります。もし、こちらを「天守堂」と書けば間違いです。

出鼻《でばな》を折る

……→出端《でばな》を折る、出端を挫《くじ》く

【先んじて制する】

≫「端」と「鼻」、字源は同じ

「出端」とは、ものごとを始めてすぐのところ、出だしのことです。相手の勢いを妨《さまた》げたり、相手の意気込みを失わせることは「出端を折る」といわれます。

口語では「しょっぱな」という言葉がよく使われますが、漢字で書くと「初っ端」です。

「端《はな》」は、物体の先端やものごとの始まりなどを指す言葉ですが、じつは「鼻」と字源は同じです。鼻は顔面の先端のひとつですね、このため、「出鼻」と書いて「出端」と同義に使われることもあります。

ですから「出鼻を折る」でも決して誤りではありません。しかし、「出鼻」だと、たとえば山や岬《みさき》のように物理的に出っ張った場所という意味もあります。だからスポーツの出だしだったりするのであれば、「出端」という言葉を使うのが適当でしょう。

「出端を折る」ではなく「出端を挫《くじ》く」という言い方もします。よく「足を挫く」といったりしますが、挫くとは傷つける、痛めつける、弱らせる、といった意味があります。

ちなみに、「挫く」と「折る」をくっつければ「挫《ざ》折《せつ》」となります。

番茶をいうなら「出花」

「はな」と読む場合の「端」と「鼻」と同じように、「はし」と読む場合の「端」と「橋」も字源は同じです。川や崖《がけ》などによって隔《へだ》てられた陸地同士の端と端を結ぶものが「橋」で、昔からよく川や崖などは村や領地の境界線にされてきたので、橋はある土地とある土地が接する「端」に築かれるものでした。

また、「出端」「出鼻」とはまったく別の意味で、湯を注いだばかりの煎《せん》茶《ちゃ》のことを「出《で》花《ばな》」といいます。この言葉は「番茶も出花」という慣用句に使われます。

番茶とは、茶葉のなかでも品質のよい若葉を摘《つ》んだあとの、残った固い葉を使ったもので、一般的にお茶としては品質が劣《おと》るものです。しかし「番茶も出花」とは、番茶でも注いだばかりならばおいしいということを意味するのです。

これは江戸時代の落語などでは、「鬼も十八番茶も出花」の形で「娘も店に出たては初々《ういうい》しくて可愛らしい」という意味で使われました。

個別訪問

……→ 戸別訪問

【家を一軒ずつ訪ねて回ること】

≫「個別」は一人一人、「戸別」は家ごと

「戸」という字は、家などの扉、ドアのことを指します。また「一戸建て」のように、家そのものをさす意味でも使われます。

「戸別訪問」とは、世帯ごとに一軒一軒を訪ねて回ることで、一人一人を相手に個別に訪問することには使いません。「現在の日本の公職選挙法では、立候補者による選挙民への戸別訪問は禁止されています」というような使い方をします。

「ごみを家ごとに回収する」という場合は、「戸別に回収」です。これがもし「個別に回収」ですと、ごみを一個ずつ別々に回収することになってしまいます。

逆に、一人一人と面談するといった場合は「個別に面談」が正解です。

ちなみに、親族の血縁関係を記録した「戸籍《こせき》」は、中国の古い王朝や日本など、戸（家）を単位とした儒教文化圏特有のものです。

欧米をはじめ諸外国の大部分では、住民票のような個人の身分証明となるものはあっても、戸籍制度は使われていないのです。

感心に堪《た》えない

→ 寒心《かんしん》に堪《た》えない

【非常に恐ろしい】

「寒心」とは寒気がするような思い

「感心した」といえば、「感動した」と同義語で「心を動かされた」という意味で使われます。

これに対して「寒心」は、同じ発音で読みますが、「ひやっとする」「ぞっとする」というように「恐ろしい」というネガティブな意味で使われます。したがって、「寒心に堪えない」といえば、「心が寒くなることに堪えられないぐらい恐ろしい」ということです。

ほかに同音異義語としては「関心」もあります。これは「心が惹《ひ》かれる」「興味がある」といった意味で使われます。

さらに「歓心」であれば「喜ぶ気持ち」のことで、「歓心を買う」といえば「機嫌をとる」「気に入られる」という意味です。

もうひとつ、同音異義語を挙げましょうか。「快く思うこと」を「甘心」といいます。

彼があんなことに関心を寄せるなんて、私は甘心だよ。それに対して彼があんなプレゼントをして社長の歓心を買うとは、ちょっと寒心したなぁ。ぼくの関心は、彼と社長の関係にあるんだけどね。

稼《か》動《どう》 ……→ 稼働

【稼ぎ働くこと、機械を動かすこと】

「働」ではなく「動」でも意味は通る

同じ「かどう」でも、何かを動かすという場合は「稼動」と書きます。しかし、人が働いているのであれば「稼働」と、もっぱら「働」の字が使われます。

「稼」という字は「かせぐ」と読まれることのほうが多いのではないでしょうか。

「今年もいっぱい稼ぐぞ！」とか。

ですが、「稼」を「お金を稼ぐ」のように使うのは、日本での漢字の使い方で、中国ではまったくそういう意味では使いません。

「稼」は、もともとは穀物《こくもつ》を植えることなどの農作業を意味する漢字でした。「のぎへん（禾）」がついていることからも推測できるのではないでしょうか。それが、のちに「働く」「一生懸命に努力する」といった意味に変わっていったのです。

つまり、「稼」という一文字だけでも働くという意味があるので、「稼働」は、「稼動」と書いても決して誤りではありません。

仕事をしているのか、ただ動いているのか？

たとえばＩＴ機器のサーバーや発電機、ボイラーなどといった機械が動いているときも、「稼働」と「働」の字を使うことがあります。

「パソコンが稼働している」といえば、パソコンは何も仕事をしないで動いているわけではなく、電子メールを送受信したり文書を書くために動いていたり、音楽を鳴らしたりして、なんらかの仕事をしていることを意味します。

「稼働」「稼動」、どちらが正しいのかと悩んだときには、何か仕事をしているのか、あるいはただ動いているのかと考えてみるといいかもしれません。

千《せん》歳《ざい》一《いち》遇《ぐう》

……→千載一遇《せんざいいちぐう》

【千年に一度めぐりあうほどの希少《きしょう》な機会】

かつて年齢は「○○載」と書いた

この語句は、「千年に一度しかめぐりあえないほど、滅多《めった》にないめずらしい機会」という意味なので、文字どおりに「千歳一遇」と書いても誤りではありません。

でも、本当は「千載一遇」と書くのが正しい書き方です。

「歳」と「載」はもともと同じ意味の漢字です。「載」は、「積載」「車載」「搭載《とうさい》」といった熟語があるように、物を乗せて置くことを意味します。そして、あたかも物を重ねて置くように、年を重ねることから、年齢も「載」と書いたのです。

ただ、これが後年、年齢の場合には「歳」で書くことが増えたのでした。明治時代になってからのことです。江戸時代までの碑文《ひぶん》や文書では、「載」と「歳」はほとんど区別されていません。

なお、「千載一遇」の最後の一文字は「遇」で、「偶」ではありませんので、こちらのほうも注意しましょう。

「滅多にないこと」を意味する言葉なので「偶然」の「偶」の字かと思ってしまう人がいてもおかしくないですが、千年に一度の「遭遇《そうぐう》」「奇《き》遇《ぐう》」のことなので「遇《あ》う」という言葉でなければ意味がつながらなくなります。

一《いっ》生《しょう》懸《けん》命《めい》

……→ 一《いっ》所《しょ》懸《けん》命《めい》

【命がけでものごとに当たること】

江戸時代までは「一所」が正しかったワケ

現代では「一生懸命」と「一所懸命」の両方とも同じように使われますから、どちらが間違いとはいえませんが、もともとは「一所懸命」が正しい書き方でした。

「一所懸命」とは、中世の武士が一ヵ所の領地を必死に守ることを意味する言葉だったのです。領地の中でも一族の本拠が置かれている場所など、とりわけ重要な地域を「一所懸命の地」と呼び、のちには領地全体をこのように呼ぶようになったともいいます。

「一所」ではなく「一生」とも書くようになったのは、江戸時代中期の一七〇〇年頃です。戦国の世までは領地の奪《うば》い合いが日常茶《さ》飯事《はんじ》でしたが、江戸時代になると幕府によって領地は保障され、武士同士の私闘が禁じられるようになったためでしょう。

したがって、もし戦国時代やそれ以前の時代が舞台の歴史物で「一生懸命」という言葉が出てきたら、厳密には考証ミスということになってしまいます。

五《ご》里《り》夢《む》中《ちゅう》

……→ 五里霧中

【ものごとの判断がつかなくなること】

≫ 五里四方を霧に包む術から

現代では時代劇のドラマや映画などでしか耳にする機会がありませんが、「里《り》」という字は、昔は距離の単位として使われていました。古代の中国や日本では五〇〇～六〇〇メートルほど、近世の日本では約四キロメートルほどです。

こんな山奥で
エンストになってしまった……
落ちつけ…！まずJAFを
あ…圏外…
対処法を検索…
…圏外…！！
万策つきたあー
通行人に声かければいんじゃね？

五里霧中とは、距離にして五里四方が霧《きり》の中にあるように、前後左右がまったく見通せず、何をどうしたらよいのさっぱりわからない状態のことをいいます。

「五里霧中」と近い意味の語句では「暗中模索《あんちゅうもさく》」という言葉があります。こちらは霧でなく暗闇の中で、手探りをするように試行錯誤《さくご》するという意味です。

古代中国の歴史書『後漢書《ごかんじょ》』によれば、張楷《ちょうかい》という道士《どうし》がいて、五里四方を霧に包む道術《どうじゅつ》を使っていたといいます。ただ、この原文は「能作五里霧（よく五里の霧を作《な》す）」としかありません。「五里霧中」という四字熟語が定着したのはもっとあとの時代のようですが、一〇世紀の中国、宋《そう》代に成立した『太平広記《たいへいこうき》』などに用例が見られます。

≫「夢中＝何かに熱中」は近代からの使い方

さて、「××に夢中」とは、「何かに熱中してまわりが見えなくなっている」状態を表す言葉として使われます。

「五里霧中」ではなく「五里夢中」と書く間違いは、考えてみると、やっぱりおかしいですね。「二〇キロメートルくらい、何かに熱中！」というのですから。

「夢中」という言葉は古代中国の戦国時代（紀元前五〜前三世紀頃）に成立した道家《どうか》の思想書『列子《れっし》』に使われています。ただ、この頃の「夢中」は、眠りに落ちて夢の中にいるように、意識がない状態のことをいうものでした。

現在のように、「何かに熱中する」という意味で使われるようになったのは日本の明治時代からです。山田《やまだ》美妙《びみょう》や森鷗外《もりおうがい》などがこのような意味で使ってから広まりました。

後世《こうせい》おそるべし

……＞後生《こうせい》おそるべし

【後から生まれた者をあなどってはいけない】

≫古代、一世代は三十年だった

「後生おそるべし」という言葉は、『論語』の第九章である子《し》罕《かん》篇に出てきます。学問においては後から生まれた者をあなどってはいけない、という意味で、孔子《こうし》ならではの深い思想が感じられる言葉といえるでしょう。

さて、「後世」と「後生」は同じく「こうせい」と読みますが、「後世」ならばのちの世、あるいは人生の後半生という意味になります。

しかし、孔子がいうのは「後生」。つまり「後から生まれた者」というので「後輩」の意味です。

「世」という漢字はもともと、「二十」を意味する「廿」の字と「十」の字を組み合わせてつくられたものです。「卋」と書いたり「丗」と書く漢字は、いまでもパソコンで入力できます。十と二十を足せば三十、じつは、これは人の一世代を指していました。

子どもは十代半ばで成人して結婚します。彼らに子どもが生まれる頃、彼らの親は三十代になって、亡くなってしまいます。

医療も発達していない、薬もほとんどなかった紀元前の昔、免疫《めんえき》力の弱い子どもや年老いた人は、簡単に亡くなったのでした。

「後生だからお願い」は別の読み・意味

さて、『論語』では、「後生」と書いて「こうせい」と読みます。しかし仏教では、これを「ごしょう」と読みます。

仏教の世界観では、人間を含めてあらゆる生命は輪廻転生《りんねてんしょう》をくり返していると考えられていますが、現在の世に生まれる前の世が「前生《ぜんしょう》」、現在生きている世が「今生《こんじょう》」、死後に生まれ変わる先が「後生《ごしょう》」です。

「今生の別れ」といえば、この世ではもう二度と会えなくなることが確実な別れという意味です。「後生だからお願い」という場合は、「次の世ではなんとかしてやるから頼む」ということです。

また、多くの生をくり返すことを「多生《たしょう》」といいます。「袖《そで》振り合うも多生の縁《えん》」というフレーズは、袖が触れあった程度の間柄もまた、前生や後生を含めた多くの生のなかで結ばれた因縁《いんねん》のひとつという意味です。ですから「多少の縁」ではありません。

「後生」「後世」、「こうせい」「ごしょう」、一見簡単に見えますが、書き方、読み方によって意味が変わってしまいます。なかなか深い言葉です。

食指《しょくし》をそそる

……＞食指を動かす／食欲をそそる

【興味を示す／食欲を示す】

≫食指とは「うまいもののレーダー」

「食指」とは人差し指のことをいいます。いまでは、「食指を動かす」という言い方は「興味を示す」という意味で使われますが、「食指＝食欲」ではありません。

中国の経書《けいしょ》『春秋左氏《しゅんじゅうさし》伝《でん》』に、次のような話があります。

鄭《てい》の国の公子宋と公子家の二人が、王様である霊公《れいこう》のところに向かっていました。途中で公子宋の人差し指がひとりでにびくびくと動きだし、「これはごちそうにありつける予兆《よちょう》だ」と公子宋がいいます。公子宋の人差し指は、一種のレーダーみたいな指だったのです。

じっさい、霊公のところに行くと、おいしそうなスッポンを料理していたのですが、霊公の意地悪のせいで、公子宋は料理にありつけませんでした。

ここから転じて「食指を動かす」といえば、おいしそうなものに寄りつく、うまい話だと思って興味を示す、といったことを意味するようになったのです。

≫人差し指にそそられる⁉

一方、食欲を刺激されるという意味なら「そそる」です。「そそる」とは、ある感情を呼び起こされる、誘われる、興味を惹《ひ》かれるということをいいます。

また、高くそびえる山やビルなどを「そそり立つ」ということもあります。この「そそる」という語句は、ほとんどひらがなで書かれることが通例ですが、たまに「唆る」と書かれることがあります。「唆《そそのか》す」と同じ字です。

「そそのかす」とは、人をけしかける、何かをさせようと仕向ける、場合によっては誘惑するといった意味なので、趣旨としては「そそる」とも近いといえるでしょう。

食指とは人差し指のことですから、もし「食指をそそる」だったら、人の人差し指を見て「おいしそうな指だなあ」とか「セクシーな指だなあ」と思うということになってしまい、おかしなことになってしまいます。

漢文の素養があった明治時代までの言葉を、漢文を読む人が少なくなった時代に使うのは、とっても難しいですね。

謄本《とうほん》

……↓ 謄本《とうほん》

【原本の内容を完全に写した文書】

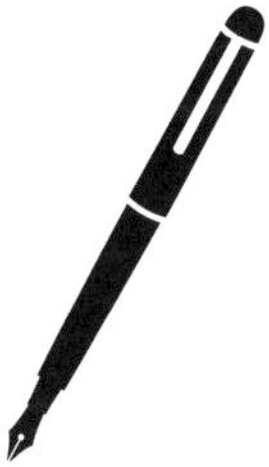

≫言葉で書かれた文書だから「馬」ではなく「言」

「謄本」といえば、もっぱら戸籍《こせき》謄本を指しますが、手形の謄本、登記簿《とうきぼ》の謄本などさまざまなものがあります。「謄本」とは、法的手続きに関わる仕事ではよく使われる語句です。

書き写すことを「謄写《とうしゃ》」といい、謄本とは原本を完全に書き写してつくった文書のことをいいます。現在ではほとんど見かけなくなってしまいましたが、コピー機が普及するまでは、簡単な印刷方法として「謄写版《とうしゃばん》」というものがありました。

「謄本」の「謄」の字……よく見ると、右側の下の部分が「言」となっています。言葉で書かれた文書だから「言」であると覚えておけば、間違いはないでしょう。

一方、「騰」の字は右側の下の部分が「馬」となっています。これは「登る」「駆け上がる」「高くはね上がる」という意味の漢字です。

お湯が沸くのを「沸騰《ふっとう》」といいますが、沸騰したままやかんを火にかけていれば、蒸気でやかんのふたが持ち上がります。また、株価などが上がることを「高騰《こうとう》」、とくに急激に上がると「急騰《きゅうとう》」といったりします。さらに人の名前で「騰《のぼる》さん」という人も少なくありません。「馬のように勢いよく、元気に駆け上がる」という意味の漢字で、「謄」とは似て非なるものなのです。

雪《せつ》辱《じょく》を晴らす

……→ 雪辱する、屈辱《くつじょく》を晴らす

【恥をすすぐこと】

≫「雪辱」の二文字だけで完結している

「屈辱」ならば屈服《くっぷく》させられて辱《はずかし》めを受けたり、恥ずかしい思いをすることです。したがって、それをすすぐのなら「屈辱を晴らす」という言い方になります。

「屈辱」と「雪辱」は、発音すれば「くつじょく」と「せつじょく」で、最初の一音しか違いません。さらに、「雪にまみれる＝つらい思いをする」というイメージから、雪辱と屈辱は同じ意味だと思われているのかもしれません。

しかし、「辱」の一文字だけで辱めを受けるという意味があり、「雪」にはすすぐという意味があるので、「雪辱」ならばこの二字熟語で恥をすすぐことを意味します。

ですから、「雪辱を晴らす」と書いたら「屈辱を晴らすことを晴らす」という表現になってしまいます。「頭痛が痛い」や「骨折が折れた」という言い方みたいですね。

雪の字は「払う」ことを意味していた

もともと「雪」という字の下の部分は、「彗」と書き、雨の下で羽のようなものがひらひらと動いていることを示していました。昔は彗星《すいせい》のことを「ほうき星」といいましたが、「彗」の字は箒《ほうき》を意味します。

ここから転じて、ブラシでちりやほこりを落とすように、足元を払ってきれいにする「雪《すす》ぐ」という言い方が生まれました。

のちには、「雪のように真っ白にする」という意味に解釈されるようになり、恥をすすぐという場合は「雪ぐ」と記すことが定着します。前漢《ぜんかん》の時代に司馬遷《しばせん》が著《あらわ》した『史記《しき》』には「雪恥」という語句が出てきますが、意味は「雪辱」とほぼ同じです。

また、一度敗れた相手に再び挑むことを、リターンマッチの意味で「雪辱戦」といいますね。これも雪辱という語句の意味からすると、ただ再戦するだけでなく、今度は勝利をおさめた場合に使うことが正しいといえるでしょう。

外交辞礼

……→ 外交辞令

【うわべだけの褒《ほ》め言葉】

辞令＝外向きのあいさつの言葉

「外交辞令」と「社交辞令」は、ほぼ同じ趣旨で使われます。どちらも、付き合いのため、うわべだけを丁寧《ていねい》にとりつくろった言葉、つまりお世辞のことです。

とすると、これは相手に「礼を尽くす」ことなので……と、頭のいい人は「礼」という漢字を思い浮かべるのだと思います。でも、「辞礼」という言葉はありません。

ところで、「辞令」と見ると、「あなたを部長に任じます」といった役職の任免を記した文書のことだと思う人が多いでしょう。でも、この言葉には「あいさつのための言葉づかい」という意味もあるのです。ですから、外交辞令または社交辞令とは「外向きの言葉」を表すのです。

これとよく似た言葉に「美辞麗句《びじれいく》」があります。「美辞麗句を並べ立てる」という言い方をします。「美しく飾りたてた言葉や文句」のことですね。

最近よく、これを「美辞礼句」と間違って書いているのを見かけます。「麗句」だけでも美しい言葉という意味で使われることがありますが、「辞礼」という言葉がないのと同じように、「礼句」という言葉はありません。

せっかく「外交辞令」や「美辞麗句」を使うのなら、間違わないほうがいいですね。

正当派

↓ 正統派

【宗教や学問で始祖《しそ》に忠実な派閥《はばつ》】

≫古くからの伝統を受け継ぐ「正統」

「正統」という名前の友人がいます。子どもの頃、彼は自分の名前がなんか、威張《いば》っているように見えて嫌いだったそうです。「正統」ってすばらしい名前じゃないか、と私はいいます。

「統」は、「糸へん」が示すように、ものごとの系統や血筋などが正しくつながっていることを指します。正統派とは、王室の始祖や宗教の教祖、最初にある学説を主張した人物から直系の流れをくむ存在、あるいは一般的に、奇をてらったことをしない穏当《おんとう》な立場や考え方を示す人のことです。

名前のとおり、友人は、まっすぐに生きて、正しくあるべき最高の地位まで昇っていきました。

さて、「正統」と「正当」ではまったく意味が異なります。「正当」とは、道理に適《かな》っていることをいいます。ただ、その人が正当かどうか、道理に適っているかどうかは、時と場所、あるいは見方で変わっていくものです。

これに対して「正統」かどうかは、揺るがない血統や教えの中に深く刻まれたものとして存在します。

「正統派」は変わらないもののこと、それが「正当派」だとその時、その場で一時的に正しいことを主張する派閥や党派になってしまうでしょう。

紛《ふん》飾《しょく》

……→粉飾

【化粧すること、外見をごまかすこと】

≫厚化粧できれいにごまかしたものが「粉飾」

「粉」という漢字が「小麦粉」や「パン粉」のように「こな」という意味であることはよくご存じでしょう。でも、もうひとつ、「粉」には「まぎれる」「まぎらわしい」「まぎらわせる」といった意味もあります。

経済関連のニュースで目にする「粉飾決算」とは、企業が会計をごまかすことなのですが、よく見るとこの「粉」が使われています。「決算をごまかして」いるからです。

「粉」は文字どおり、「粉末」「微細な粉状」のものを指しますが、お化粧に使う「おしろい」を意味します。「おしろい」は漢字では「白粉」と書きます。

「粉飾」という熟語は、もともと「顔におしろいを塗って化粧すること」をいいました、そこから転じて、外見をとりつくろう、立派そうに見せかけるという意味でも使われるようになったのです。

また、「粉飾」ではなく「扮飾」と書かれる場合もあります、「扮装《ふんそう》」の扮の字ですね。この字は、本来とは異なる姿に装う、外見をつくろう、といった意味で使われます。

≫糸が絡まるように混乱した議論は「紛議」

さて、「粉飾」の「粉」と「紛」の字は、まったく意味が異なります。「糸へん」で書かれる「紛」は、糸がぐちゃぐちゃに絡《から》まるような混乱した状態を示すものです。

「紛議《ふんぎ》」や「紛糾《ふんきゅう》」という言葉があります。「紛議」とは、糸が絡まるように、もつれて混乱した議論です。「紛糾」も意見や立場が対立してもつれることです。

同じように、「紛争《ふんそう》」なら話がもつれて争いになることです。あまり使われることのない語句ですが、混乱と同じような意味で「紛乱《ふんらん》」という熟語もあります。

もし「粉飾決算」ではなく「紛飾決算」と書かれていたとしたら、ただぐちゃぐちゃとでたらめな数字を書いた会計というだけで、意図的に売上や業績をよく見せようという作為はないことになります。

問題が紛糾しないためには、粉飾した決算報告書など出さないことが大切ですね。

自力更《こう》正《せい》

……› 自力更生

【自分の力で立ち直ること】

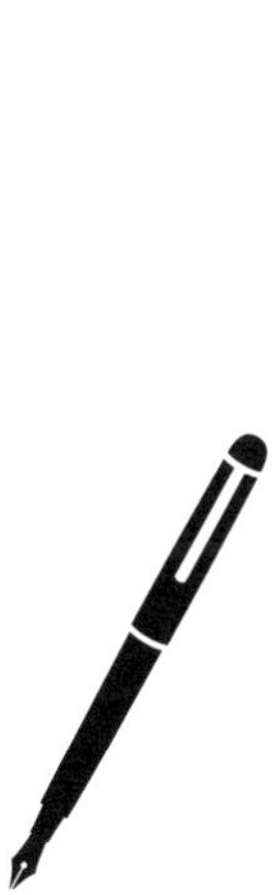

「正す」のではなく「生き直す」こと

たとえば、ヤクザや不良が改心して立ち直るようなことを「更生」といいます。正しい道に進もうとするわけだから「更正」だと思う人も少なくありません。

しかし、「更生」とは漢文訓読式に読めば「更《さら》に生きる」ということです。つまり、「生き直す」「生まれ変わって新しい人生を歩む」という意味なので「生」の字が使われるのです。

中国では、現在のようにグローバリズムに対応した開放政策が定着する以前、長らく「自力更生」が政治的スローガンとして掲げられていました。

共産主義を批判するアメリカなどの外国勢力に頼らず、自国のみの力での経済発展を目指し、軍隊でも農村でも自給自足で力をつけていくといった意味の言葉です。

一方で、「更正」という言葉は、登記の書類で内容に誤りがあったので修正するような場合に使われます。

初志《しょし》完徹《かんてつ》

……→ 初志貫徹

【最初に決めたことを最後までやり通す】

≫「完徹」では寝ないで「完全に徹夜」になってしまう

「徹」の字は「徹底」「一徹《いってつ》」「徹頭徹尾《てっとうてつび》」のように、何かをやり通すという意味で使われます。「貫徹」とは文字どおり、意志や方針、あるいは行動などを徹底して貫き通すことです。ですから、「初志貫徹」という場合は「貫」の字が正解です。

一方で「完徹」という言葉もあります。何かを徹底して完了させる、終わらせるということですから、こう書いてもよさそうですが、こんな言葉はありません。これは「完全徹夜」の略で、最近できた言葉。昨日の夜からずっと寝ないで仕事をしたときに、「昨夜は完徹だったよ」といったりします。

また、「貫徹する」と似た表現で、「一貫《いっかん》する」という言い方もあります。ついでにいえば、同

今日は完徹だ!!
ぐー
今日こそ完徹だ!!
ぐわっ
また初志完徹できなかったあ
もう間違いを認めたらどない

じ「いっかん」でも「一巻の終わり」という場合は「巻」の字で書きます。これは物語の第一巻、第二巻という言い方に由来。また、「政策の一環としておこなう」といった場合は「環」で、鎖のようにつながったものの一部という意味です。

漢和辞典を引くとわかりますが、「かん」と読む漢字がたくさんありますから、どの漢字を使うか、「勘」を働かせる必要がありますね。

温《おん》古《こ》知《ち》新《しん》

……→ 温故知新

【過去のものを学んで新しい見解を知る】

「古」の字は死んだ人を意味していた

この有名な句は、『論語』為政《いせい》篇に記《しる》されています。漢文訓読では、「故《ふる》きを温《たず》ねて新しきを知る」と読まれます。先人のおこないや昔の出来事などを学んで、そこから新しい知識や道理を身につけるということを意味する言葉です。

こういう意味からすれば、「温故」ではなく「温古」であっても意味が通りそうです。実際、

「故」と「古」のいずれの字も、そんなにニュアンスは大きく違いません。

あえていうと、「古」のほうは死んで動かなくなったもの、終わってしまったものを指します。「固」という字の中には、「古」の字が入っています。

古代の中国大陸で漢字が成立した初期の頃には、この「古」という字を上下ひっくり返したものが、生きて動いている人間のことを示していました。「子」という漢字と同じなのですが、「口」の部分が頭、「十」の部分が胴体《どうたい》です。

これが上下逆にされると、死んだ人、死体を意味するようになるのです。さらに、この「古」を「囗」で囲むと、「棺《ひつぎ》に納められた死体」ということになります。死体は硬直して固くなっていきます。ここから「固」は「かたい」という意味で使われるようになるのです。

≫「故」は遠くにあってなじみ深いもの

「故」の字も、「故人」や「物故」など、人の死を意味する使われ方をします。ただし、「故郷」「故国」といった熟語では、完全に死んで終わってしまったものではなく、遠くにあるけれど自分にとってなじみの深いものを指します。

さらに、「故」の字は「ゆえ」とも読みますね「温故」とは、単に古いことを学ぶだけでなく、ものごとの由来や成り立ちを学ぶという意味合いがあります。

なお、温故は「故きを温ねて」ではなく「故きを温めて」と読むという説もあります。「温故知新」という熟語以外で、「温」という字を「たずねる」という文意に使うことはあまりありませんが、くり返しおさらいすることを「温習《おんしゅう》」といいます。学んだものを冷めないよう温めていく、というイメージでしょう。

「古」は「死体」と覚えていれば「温故知新」を「温古知新」と間違って書くことはないのではないかと思います。

不《ふ》和《わ》雷《らい》同《どう》

……＞付和雷同

【簡単に人の意見になびくこと】

≫「不和」と「付和」では意味が逆に！

「雷同」という言葉は、儒教の教典である「五経《ごきょう》」のうちのひとつ、『礼記《らいき》』に出典があります。雷《かみなり》の音に応じて万物が響くように、自分自身の考えがなく、やたらと他人の言動に同調することをいいます。「付和」も、「たやすく他人に同調する」という意味です。

じつは、この二つの熟語をくっつけた「付和雷同」という言葉は、中国の古典にはありません。

大正時代の末に刊行された『女工哀史《じょこうあいし》』などに使用例が見られますが、近代に入ってから、日本でつくられた四字熟語なのです。徳冨蘆花《とくとみろか》は明治時代の一九〇〇年に「雷同付和」と書いていました。

ほぼ同義で「付和《ふわ》随行《ずいこう》」という語句もあります、定まった考えがなく、ほかの人の言動に同調して行動することです。

でも、間違って「不和雷同」と書く人が増えています。「付和」ではなく「不和」だと、仲が悪いことですから、とってもおかしなことになりますね。

天地《てんち》神《しん》命《めい》に誓《ちか》う

……→ 天地《てんち》神明《しんめい》に誓う

【天地の神々に誓う】

≫神明＝超自然的な存在全般

「天地神明に誓う」というのは、時代がかったフレーズで、現代の日常生活ではなかなか使う機会がないと思います。でも、だから間違っていいというわけではありません。

天地の神々に誓って何かお願いをすることもあるかもしれませんから。

「神明」とは超自然的な存在全般をいう言葉です。神道《しんとう》の世界観では、山や川など大自然のいたるところに神が宿っていると考えられていました。

「天地神明」とは天地のすべての神々のことですが、とりわけ、皇室の祖先とされている「天《あま》照大神《てらすおおみかみ》」のことをいう場合もあります。

「天照大神」は太陽の神ですから、「天地神明に誓って」という言い方は、「お天道様に誓って」ということにもなるでしょう。これが「神命」では、神の命令になってしまいます。

「しんみょうにお縄につけ」の「しんみょう」は？

ちなみに、時代劇のお奉行《ぶぎょう》が悪人を捕まえたときなど「しんみょうにお縄《なわ》につけ」といったりしますが、この「しんみょう」は「神妙」と書きます。

「おとなしく素直にすること」「心がけが立派であること」という意味ですが、「神秘的で不思議なこと」という意味もあります。

時代小説などを読んでいると、ときどき「天地身命」とか「天地神命」と間違って書いてあるものがあります。鬼の首を取ったように誤字を指摘するつもりはありませんが、時代劇だからこそ間違わないでほしいなと思うこともある言葉です。

著者略歴

一九六三年、長崎県に生まれる。大東文化大学文学部准教授。博士(中国学)。大東文化大学大学院に学ぶ。一九八九年よりイギリス、ケンブリッジ大学東洋学部に本部をおいて行った『欧州所在日本古典籍総目録』編纂の調査のために渡英。以後、一〇年におよびスウェーデン、デンマーク、ドイツ、ベルギー、イタリア、フランスの各国図書館に所蔵される日本の古典籍の調査を行う。その後、フランス国立社会科学高等研究院大学院博士課程に在学し、中国唐代漢字音韻の研究を行い、敦煌出土の文献などをフランス国立図書館で調査する。

テレビやラジオの出演も多く、NHK文化センター、朝日カルチャーセンター、中日文化センターなどでも定期的に講演や講座を開いている。

著書にはベストセラー『語彙力がないまま社会人になってしまった人へ』(ワニブックス)、『心とカラダを整える おとなのための1分音読』(自由国民社)をはじめ、『日本語の奇跡』『ん』『日本語通』(以上、新潮新書)、『日本語を作った男』(集英社インターナショナル、第二九回和辻哲郎文化賞受賞)、『文豪の凄い語彙力』(さくら舎)などがある。

一《いち》字《じ》違《ちが》いの語《ご》彙《い》力《りょく》
——肝《きも》に命《めい》じる？肝《きも》に銘《めい》じる？ 弱冠《じゃっかん》？若冠《じゃっかん》？

二〇一九年四月七日　第一刷発行

著者　山口《やまぐち》謠司《ようじ》
発行者　古屋信吾
発行所　株式会社さくら舎　http://www.sakurasha.com
東京都千代田区富士見一-二-一一　〒一〇二-〇〇七一
電話　営業　〇三-五二一一-六五三三　FAX　〇三-五二一一-六四八一
編集　〇三-五二一一-六四八〇　振替　〇〇一九〇-八-四〇二〇六〇
装丁　アルビレオ
イラスト　いのうえさきこ
印刷・製本　中央精版印刷株式会社

ISBN978-4-86581-195-7

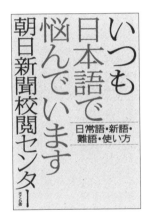